歴史から観る中国の正体

宮脇淳子

徳間書店

まえがき

藤原書店のPR誌、月刊『機』に、私は二〇二〇年一月号（通算三三四号）から、「歴史から中国を観る」という題名でエッセイ連載を始めた。

小さな冊子の一頁で、字数は八百字ほどである。一回ごとの読み切りであるから、テーマを一つにしぼって気の利いたことを書きたい。中国のことをよく知らない人にも面白く思ってもらえるようにと、毎月一回、かなり苦労をしながら文字数を削って綴った。藤原書店の著者や読者は、文学的素養のある、思想的にはリベラルな人が多いことを知っていたので、その人たちが初めて聞く話を書きたいと思った。

読者が毎月、続いて読んでくれるとは限らないから、テーマはその都度、思いつくままにあちらこちらに飛躍した。だから、すでに五年間連載してきて六十回に到達したけれども、一冊の本にまとまるなんて夢にも思っていなかった。

二〇一四年に、私のインターネット講義や講演を題材に『かわいそうな歴史の国の中国人』『悲しい歴史の国の韓国人』をたてつづけに刊行して以来、『日本人が教えたい新しい世界史』『満洲国から見た近現代史の真実』『皇帝たちの中国史』など、徳間書店からの出版物すべてを担当してくれた、旧知の編集者、力石幸一さんが、新しい本を出そう、と言ってきたとき、最近書き下ろした原稿はこれしかないのだけど、と連載してきたエッセイを見せた。

対象とした時代もテーマもバラバラだったエッセイを、力石さんは章に分けて組み直してくれた。私はぜんぜんこの順番で書いていないのに、通して読むと、はじめからこうやって書いたみたいである。

これまで徳間書店から刊行した本は、私が話した内容を起こしてもらって書き足したことが多かった。読者にとっては読みやすく、わかりやすかったかもしれないが、最初から私が書き下ろした原稿は、そんなにたくさんは含まれていない。

それに比べて本書は、すべての文章が、私自身が推敲を重ねたものである。それぞれの節は短くても、テーマがはっきり伝わるように努力した跡が見られて、自分でもちょっと嬉しい。今回、かつて八百字にするときに削らざるを得ず、残念に思った文章も戻すことができた。

藤原書店の編集者で、夫の岡田英弘著作集など、私たちのすべての刊行物を担当している山崎優子さんは、毎月の『機』連載の際も、その都度ていねいに読んで文章にも目を配り、いつも気の利いたコメントを送ってくれて、励まされてきた。今回も、別の編集者の手が入って新しい本になることを、じつは楽しみにしてくれており、ありがたい限りである。

力石さんからは、エッセイに足りなかった宋と明についても言及してくれと依頼された。なぜなら、今の中国共産党一党独裁体制は、清朝と元朝の覇権主義の再来ではないか。その意味で、宋や明の時代の中国にアイデンティファイすることで、中国は、諸外国と摩擦を起こさず、おだやかに発展することができるのではないか。そんな提案ができるといいと思う、という意見なのである。

中国共産党指導部は、そんなことは大きなお世話だ、と言うだろうけれども、確かにふつうの日本人でシナ好きな人は、宋や明の絵画や陶器、美術品が大好きである。力石さんに言わせれば、宋と明は漢人王朝だから、漢ルネッサンスが起こり、文化的にきわめてすぐれていた時代だと言う。

私は、北方の遊牧民の歴史が専門なので、つい、草原から見た中国史を語りたくなる。モンゴル人の元朝や満洲人の清朝のほうに、より親近感を覚えるのである。本書も、そういう立場から述べたエッセイが多いが、力石さんの意見を聞いて、なるほどと思ったので、北宋時代に始まった朱子学について、私の専門ではないけれども、第二章に書き足した。

さらに、私の母校である京都大学文学部東洋史学科を創設した、内藤湖南が提唱した「宋から始まるシナの近世」と、私の師で夫である岡田英弘の史観、世界史の舞台を準備したモンゴル帝国の置き土産である、明代の「鄭和の南海大遠征」を、最終章の第七章「日本人が愛した中国」に、それぞれ三回分書き下ろした。

知られざる中国の歴史やシナ文明について、私は、ワック出版『歴史通』に二〇〇九年から一五年まで「東洋史エッセイ」を連載していたが、これは、二〇一九年に『中国・韓国の正体』（ワック）として刊行されている。それで、藤原書店でのエッセイ連載には、これまで書いたことのない新しいテーマを選びたいと思った。もちろん、私の知識や考えが飛躍的に発展するわけではないから、どうしても似通ってしまうけれども、いくつかの優れた学術書を読んで得た新しい知見も紹介している。

もっとも自信があるのは、第二章の漢訳仏典についてである。

中国人が蔑称だと日本を非難する「支那」は、もともと「漢訳大蔵経」に出てくる文字のならびである。私は長い間、なぜ漢訳仏典の翻訳者たちが、自らの歴史的王朝名「秦」の読み音「チーナ」を、「支那」などという、つまらない漢字で表したのか、疑問に思っていた。

じつは、梵語（サンスクリット）からの音訳には、漢字それ自体の意味にとらわれないため、意図的に意味のとれない文字のならびを選択するか、意味的には好ましくない字を使用する場合があるのである。「菩提《ぼだい》」も「陀羅尼《だらに》」も「般若《はんにゃ》」も「娑婆《しゃば》」も梵語の音訳であるが、「仏陀」も「支那」も、漢字としては意味をなさない、あるいはよい意味ではない。「ブッダ」の音訳に「浮屠《ふと》」などというもっと悪い漢字を使ったことさえあった。

その他に、第四章では、新疆の歴史について、はじめて通史のような形で述べることができた。新疆地図も本書のために作図した。

藤原書店『機』の連載はまだ続くし、私の勉強も死ぬまで終わらないけれども、とりあえず現段階で、このような本を読者に届けることができて、とても嬉しい。

二〇二四年十二月

宮脇淳子

歴史から観る中国の正体──【目次】

第二章　漢字が中国人をつくった

第三章　モンゴルに支配された中国

第四章　中国の他民族支配は侵略ではないのか

第五章　清朝における多言語主義

第六章　満洲をめぐって激突した日中ロ

第七章　日本人が愛した中国

【図表一覧】

カバーデザイン――川畑博昭

第一章　中国人とは誰か

中国人とは誰か——中国人は二十世紀になって生まれた

国家としての中国も中国人も、二十世紀になって生まれた。一九一一年十月に始まる辛亥革命により、一九一二年一月に誕生した中華民国が、史上初めて中国を名乗った国家である。一九四九年に誕生した中華人民共和国は、中華民国とは別の国家であるのに、略称中国だから、中国と中国人は国家を超えてずっと昔から存在したかのようにわれわれは思わされているのである。

しかし、十九世紀まで中国という国家がなかったのだから、中国人という国民もいなかったことになる。では、誰がいたのだろうか。

一九一二年二月に滅んだ清朝は、東北アジアの狩猟民出身の満洲人皇帝が、遊牧民のモンゴル人と同盟し、それから漢地の統治を始め、チベットとイスラム教徒の住む土地まで支配を広げた王朝だった。満洲人は漢字ではない文字と話し言葉を持っていたから、モンゴル人やチベット人やイスラム教徒の土地を併合したあとも、彼らの固有の文字や宗教に寛容だった。現地の伝統はそのまま維持したから、二七六年もの間王朝が続いたのだ。

清朝の平和と繁栄の下、十七世紀初めに六千万人だった漢人の人口は十九世紀には四億人になった。南方の漢人が起こした辛亥革命で誕生した中華民国は、清の領土はすべて継承したと宣言したが、清の故郷の満洲だけでなく、モンゴルやチベットや新《しん》疆《きょう》を実効支配できなかった。

日本の敗戦後、ソ連のおかげで満洲を獲得した共産党が、国民党に勝利して誕生した中華人民共和国は、その二年前に成立していた内モンゴル自治政府を併合、一九五〇年に東チベット、一九五五年には新疆に武力侵攻し、一九五九年にチベット全土を制圧した。中国は、モンゴル人もチベット人もウイグル人も黄帝の子孫の中華民族で、途中で変な文字や変な宗教にかぶれたけれども「祖国に復帰した」と宣伝した。

その上で、二十世紀まで漢字など使っていなかった異民族に、ここは中国なのだからと漢字だけ使うように強制する。

これはあきらかに文化破壊であり、文化的ジェノサイドである。

皇帝の四分の三は非漢人——異民族に支配され続けた中国

紀元前二二一年、秦《しん》の始皇帝《しこうてい》がみずから「皇帝」と名乗ったときに、現代のわれわれが「中国」と呼ぶ文明が始まった。「秦」が「支那」と「チャイナ」の語源である。

近代以前には、「中国」という「国家」があったわけでもなく、「中国人」という「国民」があったわけでもない。先にあったのは皇帝である。だから、いわゆる中国の歴史とは、皇帝の歴史そのものである。

紀元前二二一年に始まる「中国史」は三つの時代に分けることができる。

第一の「漢族の時代」は、秦の始皇帝から、漢・三国・晋・南北朝を経て、五八九年に隋《ずい》の文帝が天下を統一するまでである。

第二の「北族」の時代は、隋・唐《とう》・五代・宋を経て、一二七六年、元のフビライ・ハーンが南宋を滅ぼして天下を統一するまでである。

第三の「新北族の時代」は、元・明・清の時代である。清が一八九五年に日本に負けたことによって、日本化の時代が始まり、一九一二年に清の宣統帝《せんとう》が退位して、皇帝の歴史は終わる。

中華思想は、「北族」の時代の末期に、新たに興りつつあった新北族の契丹《きったん》に対して、自分たちもかつての北族出身であった北宋の人々が、自分たちこそ正統の「中華」だと言い出して、北方の遊牧帝国を成り上がりの「夷狄《いてき》」とさげすんだことにはじまる。

それから、「夷狄」は文化をもたない人間以下の存在で、自分たち「中華」だけがほんとうの人間だという負け惜しみの「中華思想」が出てきたのである。

しかし、じつは「中国皇帝」の大多数が「夷狄」出身であった。五代十国時代の後《こう》周《しゅう》の郭《かく》氏や、北宋《ほくそう》・南宋《なんそう》の趙《ちょう》氏など、漢人かどうか疑問のある皇帝も漢人として数えた上で、紀元前二二一年から一九一二年まで、漢人が皇帝だった期間の長さと、皇帝が非漢人だとはっきりわかる期間の長さをくらべてみると、二千百三十二年間のおよそ四分の三が、非漢人の皇帝の時代なのである。

漢人は「東夷・西戎・南蛮・北狄」の子孫

シナ最古の歴史書である司馬遷著『史記』には、洛陽盆地を中心とする「中華」をとりまいて、「東夷《とうい》」「西戎《せいじゅう》」「南蛮《なんばん》」「北狄《ほくてき》」、略して「四夷《しい》」がいたという。「夷狄」や「蛮夷」も同じ意味である。

「夷」は「低・底」と同音で、低地人の意味であり、洛陽盆地から東方の、黄河・淮《わい》河《が》下流域のデルタ地帯に住み、農耕と漁撈《ぎょろう》を生業とした人々を指した。

「戎」は「絨《じゅう》」と同じく羊毛の意味で、洛陽盆地から西方の、陝西《せんせい》省・甘粛《かんしゅく》省南部の草原の遊牧民のことである。

「狄」は、貿易・交易の「易《えき》」、穀物購入の「糴《てき》」と同音で、行商人の意味であるが、洛陽盆地の北方、当時はまだ森林におおわれていた山西高原の狩猟民のことであった。

「蛮」は、彼らの言葉で人の意味で、洛陽盆地から南方の、河南西部・陝西南部・四

図１　中華と四夷

シナの古い文献では、洛陽盆地をとりかこむ東西南北に、生業の異なる人々が住んでいたと伝える。「夷」も「戎」も「蛮」も「狄」も、音をあらわすのに、わざと悪い意味の漢字を使っているところが、漢字がわからない者を野蛮人と見下す中華思想のはじまりであるといえる。

川東部山地の焼畑農耕民のことである。

これらの異なった生活形態をもつ人々が接触したのが、洛陽盆地の近辺だった。このような「四夷」に対し、漢人の遠祖を「中華」というのは、洛陽盆地の西にある華山に由来する。

「漢人」(中国人)は、そもそも歴史の始まりから、血統や生業や言語を同じくする民族であったことはなく、これらの諸種族が接触・混合して形成した都市の住民のことだった。表意文字である漢字は、違う言語を話していた人々の、交易のための共通語として発展したのである。

はじめは各集団によって、漢字の字体や読み方は異なっていたが、これを統一したのが、シナの語源となった「秦」の始皇帝である。始皇帝は、度量衡《どりょうこう》と車の軌道を一つにしたのと同様、漢字の字体も一つだけに決めた。戦国時代に他の六国で使われていた字体の書物を焼き捨てさせたのが焚書《ふんしょ》である。さらに、漢字一字の読み方は一つだけに決められ、それも一音節が原則となった。

日常の話し言葉とどんなにかけ離れていても、このあと、漢字を学べば「漢人」と見なされることになった。つまり、漢人とは文化上の観念であって、人種としては、

「蛮」「夷」「戎」「狄」の子孫である。

シナの領域が広がるのに従って、東夷は朝鮮半島と日本列島、西戎はチベット高原、北狄がモンゴル草原へと拡大していったのである。

中国史の時代区分――中国文明は五つに区分される

「中国史」は三つの時代に分けることができる、と前述したが、これは、私の師であり夫である故岡田英弘の中国学にもとづく。岡田説が、定説とはまったく異なる独自のものであったことはよく知られている。晩年には、「中国」では史実から遠ざかるので、岡田も「シナ（チャイナ）」と言い換えたが、戦後の日本では「支那」を「中国」と言いならわすことが普及したので、ここでも両方の意味で使う。

皇帝の歴史である三つの中国史の前後にも、一般には中国史と思われているものがあるので、じつは、中国文明は五つに時代区分できる。

紀元前二二一年の秦の始皇帝の統一以前は「中国以前」である。五八九年の隋の再統一までを第一期、一二七六年の元の世祖フビライの南北統一までを第二期、一八九五年の日清戦争の敗戦までを第三期とする。そのあとは、伝統のシステムを放棄した「中国以後」の時代である。

「中国」という観念の内容は、時代を経るごとに拡大したが、日清戦争の敗戦を契機として、その歴史は独立性を失い、日本を中心とする東アジア文化圏の一部に組み込まれる。

どういうことかというと、日清戦争の翌年の一八九六年に清国留学生がはじめて日本に到着してから、一九一九年の五・四運動が起こるまで、四半世紀で十万人を超える中国人が日本に留学した。かれらは、日本が明治維新以来、欧米の新しい事物を表現するために開発していた文体と語彙を持ち帰り、それまでの古典漢文にとってかわったからである。

こうして、日本において漢字文化になじむように消化された欧米のシステムが中国に入り、日本製漢語が東アジア共通のコミュニケーション・ツールになったわけで、

図２　シナ史の五つの時代区分

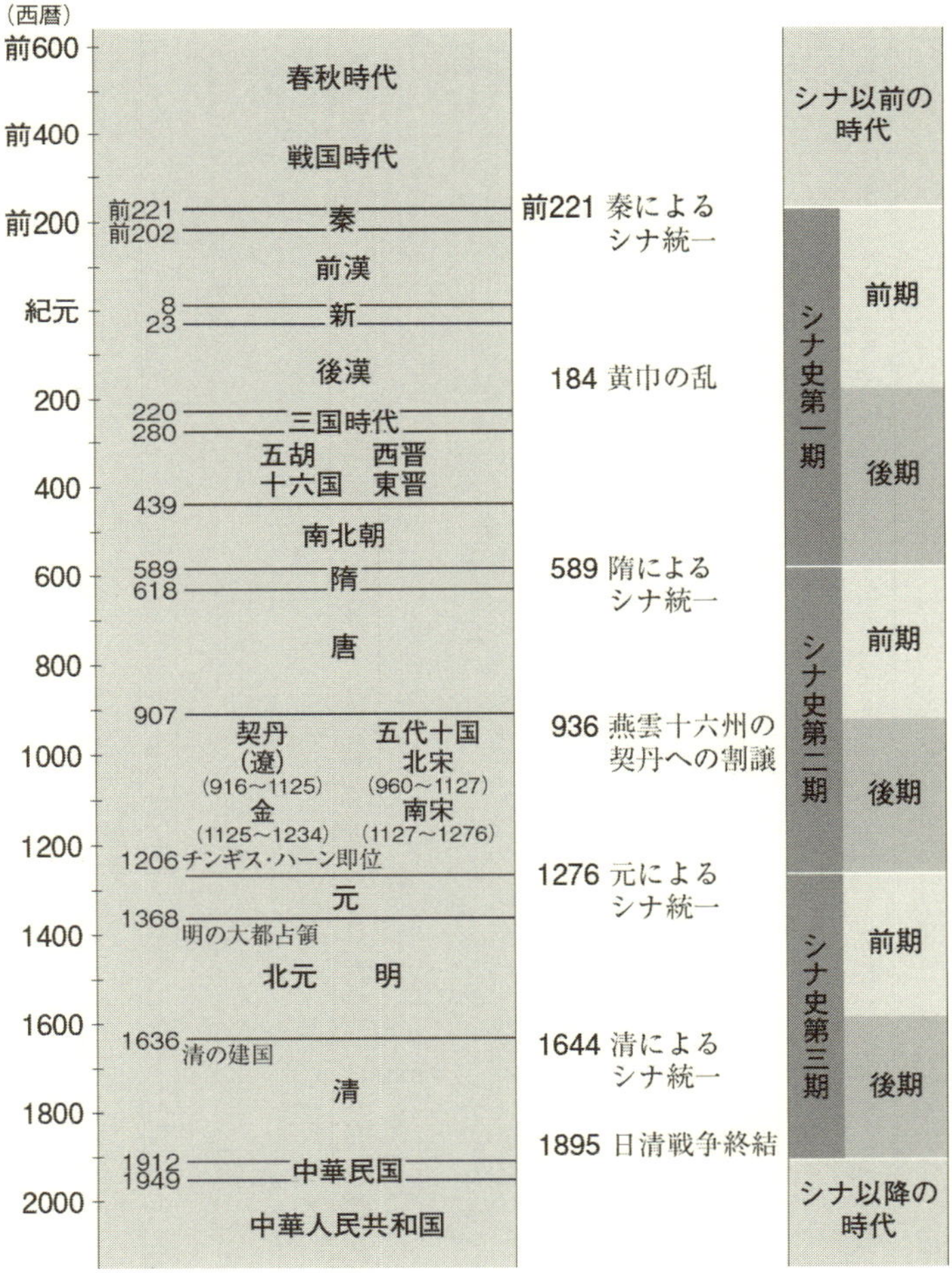

これが現代中国語の起源である。

岡田が『中央公論』誌上のエッセイ「魯迅のなかの日本人」でこの説を発表したのは一九七九年のことで、私も自著で何度も紹介してきたが、根拠は何かと問われるだけで、普及しないままだった。

ところが最近になって、援護射撃と呼べるものが現れた。二〇一九年に刊行され、すぐ日本語訳も出た、エズラ・ヴォーゲル著『日中関係史』（日本経済新聞出版社、二〇一九年）の第5章「日本に学ぶ中国の近代化」に、次のような文章がある。

「二十世紀になると、何百人もの中国人官僚が日本を訪れ、何百人もの日本人教師や顧問が中国で働き、何千人もの中国人学生が日本の教育機関に留学した。控えめな推定でも、その数は一九三七年までに五万人に達したとされる」「一九〇二年にはすでに四百人から五百人の中国人留学生が日本で学んでいた。その数は一九〇三年には千人、一九〇六年には約一万人に膨れ上がっていた」

この章の実際の著者は、弟子のポーラ・ハレル女史で、彼女には *Asia for the Asians: China in the Lives of Five Meiji Japanese.* 2012 という著書もある。本書の評価は脇に置くとして、アメリカ人にも同様のことを表明してもらえて安堵している。

中国以後の時代——日本に学んだ中国の近代化

ポーラ・ハレル女史の文章から、もう少し丁寧に引用しておこう。

二十世紀初頭の数十年に、日中が共有する歴史上はじめて、中国から日本へという一方的な文化の流れが逆転した。教師と生徒の役割が逆転しただけでなく、接触の頻度や関わる人間の数も、昔とはまったく桁違いになった。史上初の規模で文化交流がおこなわれ、そのインパクトは広範囲におよんだ。

一八八七年、東京の公使館参事官だった黄遵憲《こうじゅんけん》は、明治日本のあらゆる側面を網羅する、複数巻からなる研究書を完成させた。外国人はすべて野蛮人だと冷笑する中国人は愚かだと彼は読者に訴え、「日本のような二流の国が三十年で成功できるなら、清国は三年で成功できると考えていた」人々を批判した。

康有為《こうゆうい》も黄遵憲と同意見で、一八九六年には資金を調達し、日本の出版物七七五〇点を中国語に翻訳するという壮大な目的を持った訳書局を設立した。同年、翻訳の仕事に忙殺される康有為に代わって、一番弟子だった梁啓超《りょうけいちょう》が新聞『時務報』の編集長に就任した。『時務報』の支援者の中には張之洞《ちょうしどう》がいた。

張之洞が書いた『勧学篇』は、科挙の見直し、教育計画の中央集権化、留学プログラムの推進を強調し、留学先としてとくに日本に言及している。日本は地理的に近く、指導の目が届きやすい、言語が似ている、社会制度が比較的親しみやすい、ということで、要するに、日本留学は時間半分で二倍お得だった。

一八九六年、嘉納治五郎《かのうじごろう》の支援のもと、十三人の中国人留学生が初めてやってきた。それから十年もしないうちに、日本に留学する中国人学生の数は数千人規模にふくれあがった。

一九〇一年から一九〇六年までの清国の視察報告書によれば、この期間だけで五百から一千名の官僚が日本への視察旅行に参加している。一九〇一年から一九一一年においては、正式な報告書がしばしば発表、配布されなかったことを考えると、総数は少なくともその二倍に達する可能性がある。

日本への視察旅行が拡大する一方で、中国で顧問や教師として働く日本人を雇うという、もう一つのプログラムが始まった。一九〇一年、約二十名の教師と顧問で始まったプログラムは、翌年には百五十名に拡大した。日本外務省の調べでは、一九〇九年には日本人およそ五百五十名が清国で顧問あるいは教師として働いていた。記録によれば、一九〇二年から一九一二年までの十年間に、中国で教職に就いた女性は五十人ほどいた。

清王朝を倒そうとする革命集団のメンバーのほとんどは日本から帰国した学生だった。ただし、帰国した学生の大多数は革命家ではなく、教育者、実業家、官僚、軍人など、進歩的で法律を遵守しているふつうの人々だった。その多くは、一九〇一年以降に清国政府が新しく設立した、技術系もしくは金融系の機関で働いていた。一九〇六年から一九一一年に政府が採用した留学経験者一三八八人のうち、九〇%が日本の学校の卒業生だった。もう一つの有力な集団は、立憲君主制に向けた政府公認の措置の一環として、一九〇九年に選出された地方議会の議員だった。その名簿を見ると、日本留学組の議員はかなり多く、場合によっては全体の二割を占めていた。

一九一四年に、日本への留学生として公式な名簿に掲載されていた中国人はおよそ四千人だったが、その後の数年間、数はほぼ一定して推移した。一九一五年の対華二十一カ条要求や、一九一九年のベルサイユ条約のときだけ数が減少したが、それでも、日中戦争直前の一九三六年から一九三七年には、五千人から六千人の中国人留学生がいた。

中国人のナショナリズム
——中国という国家は一九一二年に生まれた

中国という国家は、一九一二年一月に誕生した中華民国が史上初めてだが、中国人にナショナリズムが生まれたのはこれより遅く、公式には一九一九年の五・四運動からである。

日本における戦後の中国史の本は、「一八四〇年のアヘン戦争でイギリスに負けたときから、屈辱の中国近現代史が始まる」と書くけれども、このときまだ中国はないし、ナショナリズムもない。このような近代史観を創り出したのは、日本が国民党と戦争をしていた間、延安に閉じこもっていた共産党の毛沢東だった。

実際にはアヘン戦争ではなく、一八九四〜九五年の日清戦争で日本に負けたことに衝撃を受けて、中国の本当の近代化が始まったのである。

大陸の人々は長い間、日本を東夷（東の野蛮人）と見下していた。それなのに、明治維新により国を挙げて西欧をまねて近代化に励んだ日本が、わずか三十年で自分たちよりも強くなったことを見て、初めて、これではいけない、と思った。そこで清国の漢人たちは大挙して日本に留学し、それまで何十年もの間、日本人が苦労して漢字熟語に翻案していた西欧文明を、日本語を通して学んだのだ。

現代中国語が、「四書五経」のような漢文の古典とは語彙も文体もまったく異なるのは、明治時代の日本語を基礎としているからである。

英語の「ナショナリズム」を「民族主義」と訳したのは日本人である。「ネイションン」は「国民」だから、文字通り訳すなら「国民主義」なのに、日露戦争前後に出現した第一次ナショナリズムの担い手はロシア帝国領の東欧の人々で、国家のない人々を国民と呼ぶことをためらった日本人が「民族」という言葉を創ったのである。つまり「民族」にはヨーロッパ語の原語はない。

中国人にナショナリズムの観念を教えたのは日本だが、新たに生まれた中国人のナショナリズムへの対応を日本人は誤り続けた。そして中国のほうでも、自国の民族主義の取り扱いに成功しているとは言えない。現代中国でナショナリズムは「愛国主義」と翻案され、民族といえば少数民族、あるいは「中華民族」のことで、「漢民族」という言葉は忌避され、「漢族」と呼ばなくてはいけない。

チャイニーズネス（中国人らしさ）
――世界のどこにいても中国人は中国人

いまやチャイニーズは世界中どの国にもいるが、戸籍がまだ中国にあるチャイニーズを華僑《かきょう》、現地の国籍を有するチャイニーズを華人《かじん》と言い分ける。この場合の「華」という漢字は「中華」を意味し、どちらにしても、自分はチャイニーズだと意識しているということである。

亡き夫の岡田英弘がよく言っていたが、華僑・華人の間では「チャイニーズネス（中国人らしさ）」がいつも大きな問題になる。中国語が話せるか、シナの古典に通じているかなど、自分がどれくらい中国人らしいかを互いに競争する。つまり、自分は何者かというアイデンティティをそれで確かめるのだ。

中国では、古来、言葉も通じない異民族の土地に一族の男たちが入植し、塀のある村を作って、その中だけで暮らしてきた。代々結婚関係を持つ同盟村はあるが、それ以外は敵だ。同盟村から来た女でも、一族ではないから敵になり得る、というのが、岡田の著書『妻も敵なり』（クレスト新社、一九九七年）の題名になった。

今はまだ中国ではない土地に住んでいるのが華僑・華人である、という言い方も可能である。チャイニーズにとって、そこがチャイナでも別の国でも、生活の仕方に差はない。

華僑・華人は移住先でも出身地ごとに争ったし、二十世紀には、親共産党か親国民党かで対立したから、チャイニーズとひとくくりにはできない。それでも、それ以外の人間にとっては、チャイニーズである。では、中国人らしさとは何か、と考えたとき、チャンスに乗る、生き抜くことを最優先にする人たちだ、と私は思う。

過去百年の歴史のなかで、今の中国共産党は中華政権としては最大最強だから、普通の華僑・華人ならそちらになびく。共産党のお金に頼りたいので、多くの華僑・華人は共産党に従順である。それは、政治思想に忠実なのではなく、信念とかイデオロギーでもない。

香港人も、習近平が法治を破壊するまでは華人のアイデンティティを誇っていたが、今では台湾のように「脱華」を目指す。台湾が脱華できたのは、「中華」に対抗できる日本文明を持っていたからなのだけど。

日本の建国とチャイニーズ——最初の日本天皇は天智天皇

「チャイナ」という英語の語源は、紀元前二二一年に今の中国の中央部を統一した「秦」である。

「チャイニーズ」を「漢字を使う人」と定義すると、七世紀末に「日本」という国号と「天皇」という君主号を創り出したのは、日本史では「渡来人《とらいじん》」と呼ばれるチャイニーズだった、というのが、岡田英弘の古代日本論である。

なぜなら、漢字に熟達していなかったら、『日本書紀』も、実際には漢字で綴られている『古事記』も、「皇帝」に対抗できる「天皇」という称号も思いつくはずがない、からである。日本列島の原住民が、渡来人を家庭教師にして漢字を学んだだけで、そんなことができたとはとても思えない。

史上初めて日本天皇を名乗った倭王は誰か、というと、岡田説では天智《てんち》天皇である。六六〇年、シナを統一した唐と新羅《しんら》の連合軍が倭国の同盟相手だった百済《ひゃくさい》を滅ぼす。六六三年、朝鮮半島の白村江《はくそんこう》で、倭軍の艦隊は唐軍の艦隊に敗れて全滅した。倭国はシナを統一した唐帝国の敵になり、朝鮮半島から追い出された倭人は世界の孤児になったのである。

高句麗《こうくり》が唐に滅ぼされた同じ年の六六八年、大津の京で天智天皇が即位した。六七〇年に『庚午年籍《こうごねんじゃく》』がつくられ、六七一年に日本最初の成文法典『近江令《おうみりょう》』が制定された。これが日本建国である。詳細は『岡田英弘著作集Ⅲ　日本とは何か』（藤原書店、二〇一四年）を参照されたい。

大陸からやってきた渡来人たちは、出自もさまざまで、とても仲が良かったとは思えないけれども、二度とあんなところはイヤだということでは意見が一致した。大陸に呑み込まれないために、土着の倭王を君主にかついで日本を建国したあと、日本天皇とシナ皇帝の間に、明治維新後まで直接のやり取りがないのは、鎖国が国是《こくぜ》だったからである。

漢語の文語を下敷きに日本語をつくったのも、『万葉集《まんようしゅう》』から明らかなように、渡来人の果たした役割が大きかったが、やがて片仮名《カタカナ》と平仮名《ひらがな》ができて、日本文明はシナ文明とは隔絶した。

二十一世紀の今、再び巨大化した中国に呑み込まれないためには、強権支配の中国よりも、日本文明のほうが好きだという「精日《せいにち》（精神は日本人）中国人」を増やすことが近道だ。

日本の建国に関わった華人は今の中国人ではない

前節で、私は、日本の建国に「チャイニーズ」が果たした役割が大きかったと述べたが、この場合の「華人＝チャイニーズ」が、今の「中国人＝漢族」だったと言っているわけではない。

また、戦後言われるようになった、渡来人の言葉が韓国語だった、という説も誤りである。なぜなら、今の韓国人の祖先である新羅《しんら》が韓半島を統一したのは、日本が成立したのとほぼ同時期の、七世紀から八世紀にかけてだからである。

古代では、言語の異なる種族間で意思疎通できる道具は漢字だけだった。そうした漢字が使えるのが漢人であり、華人だった。つまり、漢字文化に属し、漢字をコミュニケーション・ツールとして使える者をチャイニーズと呼んでいるわけである。

仲間うちでどんな言語を使っていても、漢字を使ってさえいれば、みんな華人である。だから、日本列島にやってきた渡来人には、高句麗系華人も新羅系華人も百済系華人も漢人系華人もいた。漢人にも、出身地や来た時代の違いによって、秦氏《はた》も漢氏《あや》もいた。

漢人が移民する場合、男が単身で来るのがふつうである。女を連れてくるには金がかかるから、一人でやってきて働き、郷里に送金して、金が貯まったら帰る。しかし、たいていは帰れないので、そういう男は郷里に女房を置いたまま、現地は現地で女房をもらう。その現地妻が産んだ子供は、父親の言葉は片言しか話せないが、母親の言葉は流暢に話す。種族的にはもはや漢人とはいえず、文化的にも形骸しか留めていない。しかし、意識は漢人である。韓半島を経由して日本に来た渡来人も、そういう意味での華人だった、というのが岡田英弘説である。中国も韓国も、そして日本も、国境の外は異民族で、国民は言語と歴史を共有するという、十八世紀末に誕生した国民国家の概念をあてはめて古代を見るから、真実が見えなくなっている。

固定観念にとらわれずに自由にものを考える人なら、『岡田英弘著作集Ⅲ　日本とは何か』（藤原書店）を楽しんで読めるのではないかと思う。『倭国』（中公新書、一九七七年）、『日本史の誕生』『倭国の時代』（ちくま文庫）も同様である。

第二章　漢字が中国人をつくった

中国人にとっての漢字――「焚書」は漢字の標準化だった

紀元前二二一年の秦の始皇帝の天下統一が、今、われわれが言うところの「中国」の始まりだから、「中国五千年」はウソで「シナ二千二百年」が正しい。

始皇帝はさまざまな事業を行なったが、有名なものに、度量衡《どりょうこう》と車の軌道と文字の統一がある。それまでの戦国七国は、はかりの重さも車輪の幅も文字も違っていた。それぞれの国境には土塁の長城が築かれ、車が隣国へ行くと、わだちの幅が違うので、傾いて走れないようになっていた。

始皇帝の「焚書《ふんしょ》」は、後世に儒教徒が主張したような文化破壊ではなく、異なった字体の書籍を焼き、秦の宮廷の学者からだけ文字を学ぶようにしたことなのである。

始皇帝は三千三百字の漢字だけを公認し、読み音も、一字一音、一音節と決めた。日本語における漢字の音読みがこれに相当するが、その結果、読み音は意味のある言葉ではなくなり、その字の名前というだけのものになった。つまり、読み音は漢字の意味を表す言葉ではなく、それを聴いて記憶から漢字の形を呼び出すための手がかりにすぎない。ここで、文字と言葉の決定的な乖離《かいり》が起こったわけだ。

戦国七国には、もともと「東夷」「西戎」「南蛮」「北狄」と呼ばれた人々が混じり合って住んでおり、話し言葉も異なっていたはずで、統一のためにはやむを得ない措置だった。

始皇帝が定めた一音節の字音は、子音・母音・子音からできており、形の変化がない。名詞の数や格、動詞の態や時称を言い分ける方法もない。それどころか品詞の区別もない。同じ漢字を名詞にも動詞にも形容詞にも使うし、一定の語順もない。漢文にはつまり、われわれが考える文法と言えるようなものがない。

六〇七年に隋《ずい》の煬帝《ようだい》が始めた科挙《かきょ》の試験は、丸暗記した「四書五経《ししょごきょう》」の語彙を使って政策を論じる散文と、「韻書《いんしょ》」が示す漢字音通りに韻を踏んだ詩を書くもので、漢字の使い方の熟達度をはかることはできるが、話し言葉とは無関係だった。

大陸で暮らすほとんどの人々にとって、漢字の習得は無縁のまま二千年が過ぎた。

一九一八年、中華民国教育部が、日本のカタカナをまねた表音文字である注音字母《ちゅういんじぼ》を公布したのが、初めて漢字にルビが誕生したときであり、口で話し耳で聴いてわかる中国語というものの開発の第一歩になったのである。

儒教は漢字の教科書――儒教がコミュニケーションを可能にした

かつて、中国・韓国・日本をひとくくりにして「東アジア儒教文化圏」と呼んだ人がいたが、最近は聞かない。中国が世界中に広めた「孔子学院」が真面目に『論語』を研究しているとは誰も思わない。戦前の日本人が修身の教科書としてきたような『論語』の精神を教えているわけではないのである。では、中国人にとって儒教とは何か。

前説で述べたように、始皇帝による文字の統一は、「口頭で話される言語」の統一ではなく、「漢字の書体」と、その漢字に対する読み音を一つに決定したことだった。

それ以前の戦国七国では、国によって漢字の書体が違っており、読み音も異なっていたから、外交文書を取り交わそうとしても、相手の文書そのものが読めなかった。そのコミュニケーション・ギャップを埋める役割を果たしたのが、儒教集団だった。当時すでに儒家は、『詩経《しきょう》』『春秋《しゅんじゅう》』『易経《えききょう》』といった古典を神聖視し、その読み方を厳密に定めていた。儒家が書いた文章をやりとりすれば、外交文書の行き違いが起きない。そこで諸国は競って儒家を雇い入れた。孔子の弟子たちが対立関係にある国に派遣されて行ったこと、孔子自身を含め、儒家に一国の宰相になった人がいないという事実は、かれらが、あくまで文書作成の技術者と認識されていたということを裏付ける。

漢字を使いこなすためには、一つずつの漢字が持つ意味がわからなければならないが、それを説明する文字は他にない。だから、古典の文章をまるごと暗記して、文脈を思い出しながら使うしかなかった。

後述するが、漢の武帝時代に、儒教はようやく他の学派と同じく正式に認められ(武帝が儒教を国教にしたというのは後世の儒者が主張した説で誤りである)、後漢時代に儒教は国教となった。

六五三年、後述する五経の官選注釈書『五経正義《ごきょうせいぎ》』が科挙の国定教科書になり、宋代以後は「四書」が教科書になった。文章を綴るときには教科書の語彙を使うわけだから、漢字を学ぶ者は全員儒教徒に見えるだけである。漢字を知らない大多数の人々にとって、儒教は縁のない世界だった。

さらに言うなら、漢文に書かれていることは、いわば「ユートピア」物語である。漢字文献に書かれていることと現実との間には、大きなギャップがある。しかも、この場合、書かれたもののほうに価値があるのが漢字文明なのである。

むかし魏の文帝は「文章は経国の大業、不朽の盛事なり」と書いた。また、『荘子《そうじ》』「逍遥遊《しょうようゆう》」篇で、堯《ぎょう》から天子の位を譲られるのを許由《きょゆう》が辞退したくだりに、「名は実の賓《ひん》なり」という文句がある。

日本人の漢学者は、ふつうこの意味を、「名誉は実際の徳の添え物である。実質のない名誉は無意味なものである」（松村明『大辞林』第六刷）とか、「実際の徳が主で名誉は従であること、実際の徳があってはじめて名誉がこれに伴う」（新村出『広辞苑』第三版）というふうに解釈する。

しかし、岡田英弘が言うように、本当の意味は、「名」すなわち言葉は「実」すなわち真実にとってはお客さんにすぎず、主人ではない。言葉は真実に対して所有権を持たず、真実をカバーしコントロールしえない、ということである。

長い間、漢字文献は現実とはまったく関係のない存在だった。そのせいで、いまでも中国人は、日本人のように言霊《ことだま》などに頓着せず、真実でないことを平気で言葉にできるのではないかと、私は疑うのである。

宗教としての古代儒教
――儒はそもそも「シャマン（巫）」のこと

孔子《こうし》（前五五二／五五一～四七九）を始祖とする儒教は、二千五百年間東アジア文明に影響をおよぼしてきた。前節で、儒教の経典が科挙に出題される国定教科書になったために、漢字を学ぶ者が儒教徒に見えただけだと私は書いた。

宗教だったときの古代儒教について説明しよう。

「儒」とはもともと「巫祝《ふしゅく》」（シャマン）を意味する言葉だった。宗教としての儒教の教えは、人間は、精神の主宰者魂《こん》と、肉体の主宰者魄《はく》が一致しているときが生きている状態で、魂が天上に、魄が地下へと分離するときが死の状態である。理論的には分離した魂と魄を呼び戻して一致させると生の状態になる。日本の江戸時代の幽霊が「魂魄この世にとどまりて」と言った言葉はこれからきている。

巫祝であった原儒は、祈禱や葬送儀礼を職業とした。命日に死者の頭蓋骨《ずがいこつ》を、直系の男系子孫の頭にかぶせて死者になぞらえ、魂魄を憑《よ》りつかせたのである。

やがて形代《かたしろ》がかぶる頭蓋骨がマスクに、形代が木の板に代わり位牌《いはい》となった。もともと儒教の「孝」は、祖先の祭祀（招魂儀礼）、父母への敬愛、子孫を産むという三者を合わせたものだった。

「需」という漢字の意味は、雨のやむのを待つという文字で、「孺」「懦」のように、ぐずぐず、柔弱、非活動的という意味がある。孔子学派を批判攻撃する者が、その説を迂遠・非実用的であると、侮って「儒」と呼んだのである。

百年ほどのちに、孟子《もうし》は自己の学説を儒と言い、孔子学派の者も儒を自称するようになった。

孔子の実際の言葉を留める『論語』「雍也篇《ようや》」で、孔子は子夏《しか》に「爾《なんじ》、君子儒《くんしじゅ》となれ。小人儒《しょうにんじゅ》となるなかれ」と言っている。つまり、祈禱や喪葬《そうそう》を担当する下層の小人儒ではなく、王朝の祭祀儀礼や古伝承の記録担当官となる上層の儒となれ、と言ったのである。

礼楽の専門家となった孔子の弟子たちが、書物の読み方と解釈を厳密に定め、正確に伝承することによって、各国の中間管理職を生む教団として生き残りに成功したのである。

後漢時代、儒教が国教になる——武帝が儒教を公認した

前述したように、漢代に儒教がシナの国教になったというのは、後世の儒者が主張した説であって、史実ではない。

紀元前一三六年に武帝が「五経博士」を置いたのは確かだが、これは、それまで公認されていなかった儒家が、他の学派と同じく、ようやく正式に認められたということなのである。

五経とは、『詩経《しきょう》』『書経《しょきょう》』『礼記《らいき》』『易経《えききょう》』『春秋《しゅんじゅう》』で、儒教の経典のことであるが、武帝時代は、陰陽《いんよう》、儒、墨《ぼく》、法、名、道の諸学派があり、それぞれテキストの読み方を教授する博士がいた。

前漢時代には、まだ儒教の政治的な地位が低かったことを裏づける話が『漢書』「元帝紀《げんていき》」にある。

漢の元帝（在位前四九～三三年）は八歳で皇太子になったが、父の宣帝《せんてい》（在位前七四～四九年）が法家を重用し、厳罰主義をもって統治しているのを見て「陛下の刑罰は厳格すぎます。儒生をもちいるべきでございます」と申し上げた。

宣帝は色をなして皇太子を叱責し、「漢家には固有の制度がある。根本は覇王の道である。徳だの教えだのというばかりの周の政治など、役にたたぬ。俗儒は現実を見ようともせず、昔はよかったとばかりいって人を幻惑し、判断を誤らせる。あいつらに政治をまかせられるものか」といい、「わが家をみだす者は太子である」と嘆息した。

宣帝は武帝の曾孫であるが、このときもまだ儒教が国教などとはとても呼べない扱いだったことをあらわす逸話である。

儒教だけがなぜ生き残ったのかを考えるときに興味深い話がある。

前漢時代の儒教には、古文《こぶん》系と今文《きんぶん》系のテキストがあった。

今文系と呼ばれるほうが実際には古いテキストで、秦の始皇帝の焚書のあと、学者が伝承した暗誦文を書き取ったものだった。しかし、古代儒教は祖先の祭祀が主だったから、漢帝国の現状にはあわなかった。

古文系は、焚書のときに隠されていたものが、孔子の旧家の壁から奇妙な文字（古い文字）で書かれて出てきたと称して、漢代になって、じつは新しい解釈のテキストを世に出したのである。

西暦二五年、光武帝が即位して始まった後漢時代に儒教は国教となり、その後、現代にいたるまでシナ文明を導いているわけである。

朱子学は新儒教——仏教に対抗して宇宙観を生み出す

自分たちの有する古典が、科挙の出題範囲として教科書に定められたおかげで命脈を保った儒教が大きく変質したのは、南宋の朱熹《しゅき》（朱子、一一三〇～一二〇〇）のときである。

日本では朱子学と呼ぶことが多いが、朱子学は宋学の一つである。

後漢時代から、中央アジアを経由してシナに入った仏教は、このときまでに多くの経典が漢訳され、宋代にはとくに禅が人々の間に普及した。

科挙に受かるために儒教経典の知識を身につけた士大夫層は、仏教と対抗するために、思索を深化せざるを得なかった。そして朱熹が、それまでの思想を総合的に体系化して、宇宙哲学として完成させたわけである。

つまり、朱子学の完成過程およびその思想内容に、仏教の影響があることは、儒仏双方より指摘され、すでに定説化している。

朱熹自身が少年時代に禅僧に傾倒し、ついに科挙の答案も禅の意を用いて作成し、首尾よく合格した逸話が、語類一〇四巻に載せられている（中国文明選3『朱子集』朝日新聞社、後藤延子「朱子学の成立と仏教」信州大学人文科学論集、一九九一年から引用）。

朱熹は、そのころの儒学と士大夫を批判し、現状では心の問題に有効に対応できないという、儒学の致命的欠陥を指摘したうえで、仏教の利点を盗み取り、新しい修養の学としての儒学を生み出そうとした。

仏教の存立基盤を奪い、正しい学問を打ち立てること、これが彼にとり、異民族の侵略を撃退し、当面の社会的政治的矛盾を解決するための大前提だった。これこそ、朱子学完成への、すさまじいエネルギーの源泉だったと、前述の後藤氏は言う。

朱子学の内面へは立ち入らないが、万物は理と気からなるという、有名な「理気二元論」は、それまで儒教に欠けていた宇宙観、物質観を組み立てたものである。

朱熹は「儒学は万理みな実、仏教は万理みな空だ」（語類一二四巻）と言い、仏教に対抗して新しい儒学の確立を目指した。仏教という有力なライバルがあったればこそ、朱子学は自己を形成できたのである。

朱熹はやがて、シナから仏教的色彩を帯びたものの一掃を試み、仏教の残存を峻《しゅん》拒《きょ》する。

それは、李氏朝鮮に入った朱子学が、高麗の国教であった仏教を排して、朱子学を唯一の官学とし、儒教の一派である陽明学ですら異端として厳しく弾圧したことにつながる。

音訳された仏教用語――なぜ好ましくない字を使ったのか

前述したように、中国大陸で漢字にルビ（読み音の表示）が誕生したのは一九一八年で、このとき中華民国教育部が公布した、日本語のカタカナをまねた注音字母《ちゅういんじぼ》は、今も台湾で使われている。大陸ではアルファベットを併音《ピンイン》と呼んで漢字の音を表す。

それまで漢字に発音記号はなかったから、地方によって発音がまるで違った。知識人は、科挙の教科書に選ばれた「四書五経」を丸暗記し、その語彙を使って筆談した。だから、漢字は意味こそが重要で、音は軽視されてきたというのは事実である。

しかし例外はある。それが漢訳された仏典である。

仏典の漢訳は、後漢にはじまり北宋までおよそ九百年つづいた。その後も数は減るが、元代や清代にも行なわれ、モンゴル人が建てた王朝である元代には、チベット語やモンゴル語からも漢訳されている。

漢訳には「旧訳《くやく》」と「新訳」がある。鳩摩羅什《くまらじゅう》（五世紀初頭）と玄奘《げんじょう》（七世紀）が、仏典漢訳史の二大巨頭で、それぞれ旧訳と新訳の代表である。

鳩摩羅什（クマーラジーヴァ）は、父はインド人、母は亀茲《きゅうじ》王の娘で、今の新疆クチャで生まれた。「自ら手に胡本（梵語《ぼんご》のテキスト）を持ち、口に秦の言葉（漢語）を述べた」と言われるほど二言語に通じていたが、翻訳とは「他人が嚙んではき出した食べ物のよう」だと言った。だから、達意の意訳をするとともに、あえて音訳や原文の語順も生かした。

梵語とは、サンスクリットを作成したのは梵天（ブラフマー神）であるとの伝承に基づく伝統的呼称で、「菩提《ぼだい》」も「陀羅尼《だらに》」も「般若《はんにゃ》」も「娑婆《しゃば》」も、梵語（サンスクリット）の音訳である。

「仏陀《ぶっだ》」ももちろん梵語の音訳であるが、興味深いのは、漢字に音写するとき、漢字それ自体の意味にとらわれないため、意味のとれない文字のならびを意図的に選択したと思われることである。それどころか、意味的には好ましくない字を使用する場合がある。

たとえば古い「ブッダ」の音訳としては、「仏」のほかに「浮屠《ふと》」や「仏図」があった。とりわけ「屠」字の使用は、不殺生の教えを説いたブッダにははなはだ不適当であり、ある種の皮肉さえ感じざるを得ない。北宋時代の儒学者の仏教批判の書物では、ブッダを指すのに「浮屠」や「仏図」が使われているから、意図的だったのかもしれない。前述の後藤延子氏は、これに「ぶっきょう」とルビをふるが、それは誤りである。

これらの音訳は、あまりにもネガティブだったからか、結局、歴史の中で音訳は「仏」「仏陀」に定着した。

では、「仏陀」という漢字にはどういう意味があるのだろうか。

「仏」は元来、ぼんやりとした様を示し、「陀」は険しい様、崩れた様を示す。こちらも意味的には、決して好ましいわけではないのである。

漢人仏教徒が開祖を「仏陀」の二字で表すことに何ら抵抗を示さない事実に鑑みれば、「仏」や「陀」は元来の漢字の意味とは無関係に、単なる記号として使われたとみなすのが適切だろう、とは、船山徹『仏典はどう漢訳されたのか』（岩波書店、二〇一三年）に拠る。

漢訳仏典が生んだ新しい漢字——中華思想を相対化した仏教

日本は、古代に漢字を輸入したときから長くシナ文化圏にあったが、近代になってシナのほうが「日本文化圏」に入るという逆転現象が起こったことはすでに述べた。

日清戦争に敗北した清朝は、近代化の必要性を認めざるを得なくなり、海外に留学生を派遣して官吏に登用し、科挙も廃止した。清国留学生がもっとも多くやって来たのが日本で、それまで三十年の間、日本人が欧米の語彙をもとにして創った和製漢語を大量に持ち帰り、それが現代中国語になった。

「人民」も「共和国」も「社会主義」も、「改革」「解放」「同志」も、「労働組合」「無産階級」もすべて和製漢語で、「入口」「出口」「広場」などは日本語をそのまま採用した。

科挙の教科書だった「四書五経」にない新しい概念は、日本語から逆輸入するしかなかったのである。

シナの長い歴史の中で、似たような出来事が一つだけある。それが仏典の漢訳である。

仏典で訳という場合、ふつうは意訳を指し、これを義訳という。翻訳不可能なものは借用語として、義訳せずに音訳したが、義訳と音訳の二つある場合もある。梵語ナラカは、義訳は「地獄」で、「奈落」という音訳も用いた。

それまで漢地に存在しなかった新しい概念を言い表すには、新しい語句も必要だった。「縁起《えんぎ》」「輪廻《りんね》」「世界」「煩悩《ぼんのう》」「羅漢《らかん》」「四苦八苦」「言語道断」「金輪際《こんりんざい》」「億劫《おっくう》」

「滅相《めっそう》」「餓鬼《がき》」「兎角《とかく》」などは、仏教以前の時代には存在しなかった熟語である。

仏教経典のなかで、もともと漢語の古典にあった語彙であるが、元来の意味とは別の意味に転化して用いるようになった熟語に、「衆生《しゅじょう》」「精進《しょうじん》」「居士《こじ》」などがある。

漢訳経典で、元来の意味とは別の意味に用いるようになった漢字に、「寺」「禅」「色《しき》」「業《ごう》」などがある。漢字の「寺」は、「鴻臚寺《こうろじ》」（外国使節の接待や朝貢を扱う役所）などで明らかなように、もともと仏教寺院のことではなかった。

音訳と意訳を合する訳例はしばしば梵漢双挙《ぼんかんそうきょ》と言われ、「禅定《ぜんじょう》」「偈頌《げじゅ》」「懺悔《ざんげ》」などがある。

また、音訳しようにも適切な音を漢語で表せない場合は、新たな漢字を創作した。「鉢」は梵語パートラ（容器）を「鉢多羅」と音写するために創成された。その他、「梵」「塔」「魔」「僧」「薩」「伽」「袈裟」なども、仏教経典の翻訳のために創られた新字である。

仏教は中華思想も相対化した。仏典において「中国」とは、釈尊《しゃくそん》が法を説いた土地のことであって、中華世界の意味ではなかったからである。

法顕《ほっけん》は、インドの中天竺《ちゅうてんじく》を指して「ここ以南を中国と呼ぶ」と言い、自国のことは「秦」と呼んだり「漢」と呼んだり「辺地」と述べたりしているし、玄奘は、『慈《じ》恩伝《おんでん》』の中で、自国を「支那国」と呼んでいる。

仏典はどう漢訳されたのか──驚くべき漢訳のスピード

紀元一世紀の後漢に始まり、南北朝から隋唐を経て北宋まで、およそ九百年つづいた仏典の漢訳は、鳩摩羅什《くまらじゅう》と玄奘《げんじょう》という、旧訳と新訳を代表する二大巨頭以外にも、数多くのインド人訳経僧と、それにまさる数の漢人仏教僧が従事したことは言うまでもない。

もちろん、翻訳者の中には漢語を解さなかったものもいたが、漢語に通じていた外国人翻訳者もいた。その場合、漢語の会話能力と、文語としての古典漢語を使いこなす能力とは区別しておくべきである。

前述した、船山徹『仏典はどう漢訳されたのか』によると、漢訳は現代のわれわれが漠然と想像するよりもはるかに速やかになされた。いくつか例が挙がっているが、三世紀の西晋《せいしん》の竺法護《じくほうご》訳『正法華経《しょうほっけきょう》』十巻は、翻訳に二十日程度しかかかっていない。五世紀初めの鳩摩羅什訳『大品経《だいぼんきょう》』と称される『摩訶般若波羅蜜経《まかはんにゃはらみつきょう》』の一巻分の翻訳にかかった日数は九〜十日程度で、訳了後の校正まで含めても十五日ほどである。

漢訳の作成において翻訳が単一人によって行なわれることはほとんどなかった。漢訳は複数の人々が集まり、それぞれの役割を分担しながらチームとして行なわれるのが常であった。そうした複数の人々が集まって翻訳作業を行なう場所や施設のことを「訳場《やくじょう》」という。

「訳場」には二種類あった。およそ隋頃を境に、大人数が参加した会議としての翻訳から、閉じた空間で専門家集団のみが迅速に作業した翻訳工房へと変化した。もっとも注目すべき区別は、聴衆の有無および分業組織の粗密である。

第一は、経典の講義を伴う訳場であり、六朝時代末までの大半のものはこの型である。

経典講義を伴う多数参加型の代表は鳩摩羅什の訳場で、数十人、ときには数百人あるいは千人以上の僧侶や在家信者が集う、一種の法会《ほうえ》（仏教儀礼）だった。

こうした大人数による経典講義を伴う形の訳場では、訳者の分業体制はあまり細分化していない。「訳主《やくしゅ》」という訳場の主導者と、「筆受《ひつじゅ》」という筆記係などの別があるにすぎない。

第二は、七世紀の隋唐から十世紀の北宋までのほとんどのタイプで、比較的少数の専門家集団のみによる、細かな分業体制の確立した訳場である。

このような少数の専門家集団のみによる訳場には、原則として聴衆は存在しない。役割分担をした理由は、仏典の漢訳が国家事業として行なわれたことで、それゆえ、速やかな翻訳が追究されたと考えられる。

北宋時代の「訳経儀式」の記録『仏祖統記』を見てみよう。

まず「訳主」が梵語の文を口で述べる。

次に「証義」と「証文《しょうぶん》」の両役が、誤りがないかチェックする。

そのあと「書字の梵字僧」が梵語を漢字で音写する。

「筆受」が梵語を単語レベルで漢字に置き換える。

「綴文《ていぶん》」が語順を入れ替えることによって有意味な漢文とする。

このあと「参訳《さんやく》」「刊定《かんてい》」「潤文官《じゅんぶんかん》」が順に検討して、語句の意味を確定したのである。

「大蔵経」は漢訳にしかない言葉
——シナで多くの偽経が成立した

仏典の総体をあらわす「大蔵経《だいぞうきょう》」は、漢訳のみにある言葉である。「一切経《いっさいきょう》」という言い方も漢訳にしかない。

それでは、インド仏教に元来あった表現はどのようなものであるか、というと、「トリピタカ」と言う。「トリ」は三つ、「ピタカ」は宝物や花などを入れる籠（バスケット）という意味である。

「トリピタカ（三つの籠）」とは、「経（スートラ＝仏陀の言葉）」、「律（ヴィナヤ＝出家教団の運営規則）」、「論（スートラを後人が整理した論書＝シャーストラ）」を指す。「シャーストラ」のかわりに、「論」を「アビダルマ（阿毘達磨《あびだつま》）＝ブッダの教え（ダルマ）に対する考究（アビ）」ということもある。

このトリピタカの漢訳が「三蔵《さんぞう》」であるが、原語の「籠」が、翻訳後は「蔵（倉庫の意）」に変化した。

漢訳仏教で「経」というと、「経・律・論」の「三蔵」のうちの「お経」、すなわち「如是我聞《にょぜがもん》（このように私は聞いた）」の定型句から始まり、釈尊の経説を説く「スートラ」を指すのが一般的である。

仏の語った内容を忠実に記した経典を「真経《しんきょう》」と呼ぶのに対し、シナ大陸で最初から漢語で制作した経典を「偽経」と言う。ただし、あまりにも魅力的で出来がよいものが多いので、「偽」という漢字を避け「疑経」と表記することもある。

唐の智昇《ちしょう》の『開元釈 教録《かいげんしゃくきょうろく》』（七三〇年）は、当時現存した経典一〇七六部のうち、偽経は四〇〇と言っている。

現在は、さらに多くの偽経の存在が知られているが、元来、真面目な漢人僧たちは偽作経典を排除し、「蔵外《ぞうがい》」と称した。一九〇〇年に敦煌《とんこう》の莫高窟《ばっこうくつ》から発見された敦煌写本には、それまで現存が確かめられなかった偽経が数多く存在するという。

偽経は、インド仏教を視点とすれば偽物以外の何物でもないけれども、シナの仏教徒がインド伝来の経典の漢訳のいかなる面に飽き足らなさを感じていたかを告げてくれるものである、と船山徹『仏典はどう漢訳されたのか』は言う。

「支那」という漢字が生まれた理由
――「仏陀」も「支那」も音訳

日本は戦前、お隣を「支那《しな》」大陸と呼び、今の中国人を「支那人」と呼んだ。戦後、「支那」は蔑称だ、と蔣介石《しょうかいせき》の抗議を受けた日本人は、「支那」も「チャイナ」もすべて「中国」にしてしまった。十九世紀まで「中国」という国家はないから、これは政治的忖度《そんたく》である。

日本で「支那」ということばが使われるようになったのは、江戸時代である。一七〇八年、イタリアのシチリア島生まれの宣教師ジョヴァンニ・バッティスタ・

東洋文庫設立百年

二〇二四年は、財団法人東洋文庫が大正十三年十一月十九日に設立されて百年である。私もその研究員であるが、研究員の数は非常に多く、私は内部事情は何一つ知らないので、一九七四年から亡くなる八九年まで文庫長、一九八五年からは理事長も兼ねた榎《えのき》一雄《かずお》先生の文章から要約引用する。

東洋文庫の基礎は、一九一七年に三菱財閥の第三代総帥岩崎久彌が、当時中華民国総統府の顧問を務めていたオーストラリア人ジョージ・アーネスト・モリソンの所蔵する、中国に関する欧文文献二万四千点を購入したことに始まる。

これは、単行本や製本された雑誌の他、パンフレット、地図、銅板画を一冊に数えた数字で、モリソンが二十年を費やして集めたコレクションだった。モリソンの言い値は英貨三万五千ポンドで、岩崎氏は言い値通りで購入した。榎先生は一九七七年当時の三億五千万円に相当すると書いている。

代理人として契約書に調印したのは、横浜正金銀行取締役で中国シナ諸支店の管理に

コラム

当たっていた小田切萬壽之助《ますのすけ》氏で、当時東京帝大文科大学助手だった石田幹之助氏が現物の引き取りに赴いた。

一八九七年以来、タイムズ特派員として北京に滞在していたモリソンの蔵書は有名で、ハーバード大学、イェール大学、カリフォルニア大学など買い手が殺到したが、小田切氏がモリソンと親交があり、それを購入して日本に置くべきことを時の横浜正金銀行頭取井上準之助氏に説き、井上氏は直ちに岩崎氏を訪ね、岩崎氏が言下に購入を承諾した結果だという。

岩崎氏はこれをモリソン文庫と称して、はじめ丸の内の三菱事務所街の一隅に置いた。その後、東大文科大学学長上田萬年《かずとし》、教授白鳥庫吉《くらきち》らにはかり、和書・漢籍をはじめとする東洋諸言語文献を広く蒐集して、一九二四年に今の東京本駒込に、民間の図書館兼研究所として財団法人東洋文庫を設立したのである。

戦後、日本を統治した連合軍の理事会で、オーストラリア代表が賠償としてモリソン文庫の自国による接収を主張したが、さすがに理事会はこれを認めなかった。すでに東洋文庫はモリソンの蒐集の三十倍を超える書籍を有していた。

シドッティが、日本にキリスト教を布教しようとして、髪は月代《さかやき》に剃《そ》り和服を着て刀を差した侍の姿で、今のフィリピンのマニラから屋久島《やくしま》に一人で上陸した。日本人の格好をしていたらばれないだろうと考えたところに、当時のマニラの実情がうかがえる。異民族などまったくいなかった日本ではもちろん怪しまれてすぐに捕まり、長崎に送られたあと、翌年、江戸に護送され、小石川《こいしかわ》のキリシタン屋敷に幽閉されたまま、一七一四年に死んだ。

江戸でシドッティは新井白石《あらいはくせき》の尋問を四回受けた。白石は、その学識や人柄に感心して敬意を持って遇し、聞いた話にもとづき『采覧異言《さいらんいげん》』と『西洋紀聞』を書いた。

新井白石は、それまで「漢土《かんど》」や「唐土《とうど》」と呼んでいた土地が、ヨーロッパで「チーナ」と呼ばれていることに着目し、漢訳『大蔵経《だいぞうきょう》』にある「支那」を探し出して、それから支那が使われるようになったのである。

「支那」も「チャイナ（China）」も、紀元前二二一年に中原を統一した始皇帝《しこうてい》の「秦《しん》」が語源である。

「秦」が梵語で「チーナ」と書かれ、これが「支那」と写されたわけである。梵語で「チーナスターナ（チーナの地）」と呼ばれたのが、漢訳で「震旦《しんたん》」「真丹」と写された。

私は長い間、なぜ漢訳仏典の翻訳者たちが、自らの歴史的王朝名「秦」の読み音「チーナ」を、「支那」などという、つまらない漢字で表したのか、疑問に思っていた。船山徹『仏典はどう漢訳されたのか』を読むと、梵語からの音訳には、漢字それ自体の意味にとらわれないため、意図的に意味のとれない文字のならびを選択するか、意味的には好ましくない字を使用する場合があると、多くの具体例を挙げて述べている。「仏陀」も「支那」もそれだと知り、長年の胸のつかえが下りたのである。

「訓読を玄界灘に投げすてた」

漢字は、平仮名《ひらがな》や片仮名《カタカナ》に対して古くは本字《ほんじ》と呼ばれ、日本語の元《もと》になった文字である。

しかし、漢字を言葉《ことば》と呼んでいいのかは議論がある。なぜなら、言葉 Language とはふつう発音をともなうものだからである。

先に「中国人にとっての漢字」で述べたが、中国大陸で漢字にルビ、つまり発音記号が振られるようになったのは、一九一八年、中華民国教育部が、日本語のカタカナをまねた注音字母を公布したのが始まりである。

紀元前二二一年に天下を統一した秦の始皇帝は、戦国七国で異なっていた漢字の字体を一つにし、三千三百の漢字の読み音を定めた。しかし、その後も発音は地方によって差が大きすぎ、二千年以上の間、漢字は、目で見てはじめて意味が明らかになる表意文字として発展を続けた。

もちろん、口語がなかったわけではないが、文字言語とはほぼ別のものだった。日本では文字言語は漢文と称され、学術・言語の思考手段として、日本語で訓読して学ばれた。訓読により、漢文の文章構成や、思惟の論理化の方法をつかむことができた。

一方、口語の中国語は俗語として、学問とは無縁に、通商・外交の橋渡しの用途として、主に唐通事《とうつうじ》により、音声言語として学ばれた。

唐通事時代の中国語は杭州音《こうしゅうおん》（南話）だったが、明治初期に口語の北京官話《ペキンかんわ》に代わる。それでも戦前まで、中国語学習者は、白文《はくぶん》を訓読して訳解することも併修していた。

大陸の文字言語は、二十世紀初めに大きく変容する。日清戦争後に清国留学生が持ち帰った大量の和製漢語のせいである。

この新しい現代文語文を時文《じぶん》という。日本人は時文も、かつての漢文同様、訓読していた。

ところが戦後、倉石武四郎のような中国語学者が、ひたすら音声言語のみの中国語教育を主張し、漢文教育がになってきた文字言語教育を否定した。

倉石は、日中友好協会が主催した、訓読による中国語新聞講読講座を、有無を言わさず閉講させ、このようにして日本人の漢文読解力は消滅したのである。

「訓読を玄界灘に投げすてて来た」と書いた倉石の無責任を、鱒澤彰夫『中國語教育史の新研究』（好文出版、二〇二四年）は告発する。

訓読していた時文——時文とはどのようなものか

現代中国語は、「四書五経」の漢文とは、語彙も文法もぜんぜん違う。それは、日清戦争後に清国留学生が持ち帰った大量の和製漢語のせいである。

そのとき、語彙だけを輸入して、文章は「てにをは」もない従来の漢文のまま、というわけにはいかなかった。それで、文体も日本語を下敷きにして考え出された。この新しい現代文語文を時文《じぶん》というのである。

つまり、時文とは、日本製熟語の語彙を借用し、日本語の「てにをは」に当たる語を入れて書かれた文章である。新中国では、できたばかりの役所である官庁の文書や新聞などで使われた。古典的な文章とは文字の並べ方も違い、それ以前のシナの公用語とは似ても似つかない新しい言語だった。

所有をあらわす日本語の「〜の」に当たる文字として「的」、位置をあらわす前置詞的な「〜に」は「在」や「里」などの文字を入れた。「関于」（〜に関して）、「由于」（〜によって）、「認為」（〜と認める）、「視為」（〜と見なす）なども、日本語を翻訳する過程で生まれた新しい中国語だったり、古い時代に存在が知られるが普及していなかった表現を探し出したものである。

「西洋化」の「化」、「中国式」の「式」、「優越感」の「感」、「新型」の「型」、「必要性」の「性」、「文学界」の「界」、「生産力」の「力」、「価値観」の「観」というような文字を使って語彙を増やしていった。こうして中国語の表現が豊かになり、緻密さと論理性が加わるようになった。

時文は、口語文すなわち白話文を含めない、古文につらなる現代文語文であるから、戦前の日本では、文言学習の漢文学習を基盤として訓読読解されてきた。

昭和十四（一九三九）年のわが国の文部省訓令で、中学校・師範学校・商業学校の四・五年生の漢文科目で、時文が講ぜられるようになった。新しい中国語として、時文が正式科目となったのである。

ところが、前節で述べたように、「訓読を玄界灘に投げすてて来た」倉石武四郎は、音声言語のみの中国語教育を主張した。

東洋文庫百年の財政事情

一九二四年、モリソン文庫のほかに、約二万五千冊の書物が買い足され、三菱の岩崎久彌が財団法人東洋文庫を設立した。初代理事長には、同年まで大蔵大臣だった井上準之助が就任した。

白鳥庫吉博士の構想により、欧州諸国の東洋学研究所をモデルとし、研究活動を主体とする研究所に図書館が付属するという組織である。岩崎は設立時、建物と本に加えて、当時のお金で二百万円の基金を寄付した。三菱の海外支店を通じて代金の支払いが確実になされるため、世界中の書店が争って東洋文庫に書籍の購入を持ちかけたという。

東洋文庫研究部は、東洋学関係図書の蒐集だけでなく、学術書の刊行とくに欧文紀要によって、戦前、すでに欧米によく知られていた。

ところが、その二百万円は、じつは南満洲鉄道株式会社の株券で、その配当金で本代が出ていたのである。

第二次世界大戦後、三菱財閥の解体により経営が困難になると、一九四七年理事長に

コラム

就任した幣原《しではら》喜重郎《きじゅうろう》元首相が国会にはかり、一九四八年、同じく三菱の支援下にあった静嘉堂《せいかどう》文庫とともに、発足したばかりの国立国会図書館支部となった。東洋文庫内に置いた支部が、図書館部門の閲覧業務を請け負う、つまり司書の給料だけ国から出るのである。

静嘉堂文庫は、一九七〇年に三菱グループ経営の私立図書館となったが、東洋文庫のみが二〇〇九年まで国会図書館支部だった。

二〇一三年からは公益財団法人となり、再び三菱グループからの寄付金およびさまざまな補助金で運営しているが、私を含めて委嘱された二五〇名の研究員の大半は兼任で無給で、刊行した書籍の寄付を求められる。

かつて文庫長で理事長も兼任した榎一雄先生は「土地と建物と本はあったが、それを動かす金がない、金集めは実にいやなものですよ。企業へ行くと、あなたのところでやっている研究とわれわれに何の関係があるか、というんですね。あんなことを学問をやっている人にやらせちゃいけませんよ。その人の学問をつぶす結果になる」と言った。

現代中国語の口語文の文字言語教育アプローチが未解決であるにもかかわらず、時文の訓読読解の併修を停止した弊害は大きい。倉石武四郎の登場は、中国語教育における音声言語重視、文字言語軽視を決定づけた。

敗戦後、中国語学習者の漢文科目との併修は基本的に終わりを告げる。漢文科目は古文の漢文のみを管轄することになり、漢文科目の中から時文が消え、二度と復活することはなかった。

一方、中国のほうでは、日本製漢字語という新来の学術用語が口語文・口頭口語に移入されることによって、語彙の面で、中国語の中にはじめて日常生活語彙と普通術語語彙の二層の語彙層を持つにいたった。言文一致を完成した中国語へ、すなわち現代中国語へと踏み出した。

このような言文一致語の中国語が、従前の音声言語に加え、文字言語を併せ持つ存在になり、その性格を一変させたにもかかわらず、日本においては戦後の国語教育時期にはじまった漢文軽視の教育システムが、中国語学習層の質的変化、すなわち戦後の中国語学習者の漢文力の低下をもたらした。

戦後まもない時期の中国語学習者の多くは、「われわれが帝国主義のお先棒たるべく支那語を学んだのは昔の思い出になった」と宣言し、それまでの日中関係の歴史を批判する立場から中国語を学習することになった。

実藤恵秀《さねとうけいしゅう》は「侵略中国語」という造語で、明治以降の中国語教育を負の遺産として総括し、戦前との訣別を示した。「漢文」から中国語を切り離す目的で、中国語は外国語であるという主張が発せられた。

日本における漢字漢文の伝統も特性も、何一つ理解していなかったかれらのせいで、日本人の漢文読解力が消失したのは、きわめて残念なことである。

鱒澤彰夫『中國語教育史の新研究』とともに、岡田英弘『漢字とは何か』（藤原書店、二〇二一年）を参照されたい。

第三章　モンゴルに支配された中国

「元寇」に遊牧民は参加したか？
――蒙古襲来の主体は高麗軍と南宋軍

鎌倉時代の日本には、二度「元寇《げんこう》」があった。一二七四年の文永の役と一二八一年の弘安の役である。当時は「蒙古襲来」と言った。

「元寇」という用語の初見は、江戸時代に徳川光圀《みつくに》が編纂を開始した『大日本史』である。

「寇」は古い日本語では使われることがなかった文字で、明治になって、日清修好条規や日鮮修好条規を結んだ清国や朝鮮から、かつて日本人が「倭寇」という海賊行為をしたと責められた日本人が、そちらが先に攻めてきたではないかと、もっぱら「元寇」と言うようになったのである。日清戦争直前には歌もできた。

鎌倉時代の史料に出てくるという意味では、「蒙古襲来」のほうが歴史的に正しい用語だが、遊牧民であるモンゴル人は参加していなかったようなので、「元寇」のほうがふさわしいと、最近私は考えている。

モンゴル高原の遊牧民が、果たして羊の放牧もできない朝鮮半島を通って、泳げないのに海の上に浮かび、日本にやってきただろうか。

文永の役の総司令官は、忻都《きんと》（ヒンドゥ＝インドという意味）という名前であるが、八百名近い家来の名前が掲載されている『元史』「列伝」に彼の名前はなく、『元史』のどの部分にも登場しない。

ヒンドゥがもし、フビライの親戚の誰かの娘を嫁にもらったような大将軍であれば、必ず名前や背景や履歴などが列伝に残るはずだから、モンゴル草原の遊牧部族長だったとは思えない。

「列伝」はいわば元の中央官庁の家来の記録なので、モンゴル人でなくても、家来として地位が高ければ列伝がある。次に述べる、副司令官洪茶丘《こうさきゅう》の父で高麗出身の洪福《こうふく》源《げん》ですら、「列伝」に名前がある。

ヒンドゥは実は『高麗史』に登場する。

高麗の第二十五代忠烈王に嫁入ったフビライの娘クトルグ・ケルミシュの伝の中に、屯田経略使として名前が出てくる。つまり彼は、今の北朝鮮に置かれた元の屯田兵を管轄する長官だったのである。

文永の役の副司令官洪茶丘は、元の遼陽行省《りょうようこうしょう》(今の中国遼寧省)で生まれた高麗人二世である。

彼の父洪福源は、一二三一年にモンゴル軍が最初に高麗に侵入したとき、モンゴル軍に降り、その後、三十年におよぶ六回の侵入で、合計六十万人ほども連行された高麗人を統治するモンゴル側の長官になった。その息子が、元軍の副司令官になったのだから、彼の配下のモンゴル軍は、ほぼ高麗人だったと考えられる。

文永の役の日本遠征軍は、元の征討軍一万五千人のほかに、高麗軍八千人、高麗が建造した九百隻《せき》の船を漕ぐ水手や船頭など六千七百名はもちろん高麗人である。

弘安の役では、二手に分かれたうちの東路軍は、司令官も軍の編成も文永の役とほぼ同じである。

一方の江南軍は、司令官は漢人の范文虎《はんぶんこ》とモンゴル人の阿塔海《アタハイ》だが、兵士は旧南宋軍の十万人で、寧波《にんぽー》沖の舟山《しゅうざん》から出港したから、遊牧民がいたとは思えない。

フビライの日本遠征が失敗したのは、遊牧民が得意とする、草原で敵を取り囲む戦争ではなかったからだと私は考える。

蒙古襲来のとき、対馬は皆殺しになった？
――現地取材でわかったこと

対馬《つしま》と福岡に行ってきた。拙著『世界史のなかの蒙古襲来　モンゴルから見た高麗と日本』（扶桑社、二〇一九年、二〇二一年新書）を新書化するので、何か書き足して、と編集者が取材旅行を企画したのである。

対馬には初めて行ったのだが、現地には十三世紀の同時代史料はまったく存在しない。モンゴル軍が上陸したという言い伝えのある小茂田《こもだ》浜に行ってみたら、「三万の元の軍隊と九百隻の軍船がこの浜に押しかけた」と説明のある古戦場は、佐須《さす》川の河口にある白砂の海水浴場で、両側に山が迫っていて、湾の幅は一キロくらいしかない。九百隻はとても無理である。

博多での合戦の話は、石塁《せきるい》や史料も残っており、『蒙古襲来絵詞《もうこしゅうらいえことば》』が有名であるが、対馬と壱岐《いき》に関するわれわれの知識は、十五世紀につくられた『日蓮聖人註画讃《にちれんしょうにんちゅうがさん》』

だけである。それには、このように書かれている。

「十月五日、対馬の佐寸《さす》浦に、異国の兵船四百五十艘、三万余人を載せて寄せ来る。六日朝より合戦となり、守護代資国《すけくに》等、蒙古を伐《きり》取るといえども、資国の子息らことごとく伐死《きりじに》」「十四日、壱岐島に押し寄せ、守護代平景隆等、城郭を構えて禦《ふせ》ぎ戦えども、蒙古乱入の間に景隆自殺」「二島の百姓等、男はあるいは殺され、あるいは擒《とら》えられ、女は一所に集めて手を結び、あるいは手を徹《とお》して舷《ふなべり》に付け、虜者は一人として害されざる者はなし」

だからこれまで何となく、対馬と壱岐の人々は皆殺しの目に遭ったと思わされていた。

今回行ってみてわかったのは、対馬は南北に八十二キロもある大きな島で、その九割が森林だということだ。人口も少なく食料も多くない島に、元軍が全軍で上陸したはずもない。

わずか八十余騎で元・高麗軍に真っ向勝負を挑み、戦死した宗資国《そうすけくに》を顕彰する『宗氏家譜』は、四百年もあとになってからの一六八六年撰で、『元史』『高麗史』『東国《とうごく》通鑑《つがん》』を参照している。元軍の司令官の名前から兵隊の数から戦艦の数まで、これら

図3　蒙古襲来絵詞

九州の御家人竹崎季長が二度の合戦の様子を描かせた絵巻物。最近国宝になった。
上：馬を射られる竹崎季長。画面の中央あたりに鉄砲がさく裂するのが見える。下：討ち入った季長に応戦する蒙古の軍船。銅鑼、太鼓をはやしたてながら、弓矢を射かけている。

を引用しているのである。資国の首塚も胴塚も、後世のものである。

歴史と物語の境界線は、いつの時代もあいまいであることがよくわかる旅になった。

遊牧民の戦争――モンゴル軍はなぜ強かったのか

前に、フビライの日本遠征が失敗したのは、遊牧民が得意とする戦争ではなかったからだ、と書いた。それでは、遊牧民の戦争とはどのようなものなのだろうか。

ゴビ砂漠の北のモンゴル高原は、年間降水量が二百ミリ程度である。草もまばらにしか生えないので、一箇所にいたのでは家畜がすぐに草を食い尽くしてしまう。だから、モンゴル語でゲル（包《パオ》は満洲語起源の中国語である）と呼ぶテントに住み、移動する放牧が生業になった。

遊牧帝国を築いたあとは、例えばカラコルムなどの人工都市を草原の真ん中に造って武器庫や食料庫を置いたが、遊牧民の兵士はふつう、何頭もの替え馬も武器も食料も、自前で調達して戦争に参加したのである。

チンギス・ハーンが遊牧部族長たちの中から盟主に選ばれたのは、戦争の指揮がうまく、もめ事の仲裁に信用がおけ、獲得物の分配が公平だったからである。

チンギス・ハーンは、モンゴル帝国に参加したすべての遊牧民を千人隊に編成し直し、各部族長を、領民の数に応じて、万人隊長、千人隊長、百人隊長に任命した。これは、戦時にはそのまま軍隊組織に転換できる制度である。

征服戦争が大集会で決まると、各千人隊は決められた数の兵士を出し、供出した兵士の数に合わせて分捕り品を分配された。勝つ戦争に参加するのは遊牧民にとって儲け仕事であり、戦争に従軍するのは、義務というよりは権利だった。

平時には、軍事演習として、巻狩《まきがり》という狩猟を行なった。北方の山岳地帯に少数の兵士が入り、動物を南の草原に追い出してくる。草原では、徴発された兵士たちが、右翼、左翼、中軍に分かれて待つ。兵の円陣は、はじめ広大な領域を囲んでいるが、次第にせばめられて猟場を囲む。野獣が陣営から脱走したら、その区画を囲んでいる兵士たちは罰を受ける。

モンゴル帝国時代に蒸留酒を知る

中国のお酒には二種類あって、日本の中華料理店でよく飲まれる紹興酒《しょうこうしゅ》は糯米《もちごめ》からつくられる醸造酒《じょうぞうしゅ》で、高粱《コウリャン》などからつくられる白酒《パイチュウ》は蒸留酒《じょうりゅうしゅ》である。醸造酒は老酒《ラオチュウ》とか黄酒《ホアンチュウ》と呼ばれるが、中国の蒸留酒は無色透明なので白酒と呼ぶ。ひな祭りで飲む日本の白酒《しろざけ》とはまったく違う。アルコール度数は三〇度～六〇度と高く、なかには七〇度のものもある。

蒸留酒は、醸造酒を加熱して、湯気として蒸発したアルコールを冷やして液体に戻したものである。蒸留方法によって、どれだけでも強い酒をつくることができる。じつは十三世紀のモンゴル帝国時代に遊牧民が西方から持ち込んだ。それまで漢地に蒸留酒はなかった。

モンゴル軍が進軍したコーカサスから連れてこられたキプチャク人たちは、馬乳酒から蒸留酒をつくるのが上手だったので「ハラチン（カラチン）」と呼ばれた。「ハラ（カラ）」は「黒い」とか「強い」という意味で、「ハラチン」は「強い（酒をつくる）人」

コラム

である。

元朝時代には、ハラチンは部族集団となって、蒸留酒の製造をもっぱら担っていたが、そのあとの明代になると、蒸留方法が漢地にも広まった。ロシアのウォッカも遊牧民から学んだものである。

日本には、明からまず沖縄に技術が伝わって泡盛《あわもり》がつくられた。今はタイから輸入したインディカ米を原料とする。

蒸留技術は、沖縄から奄美《あまみ》の黒糖焼酎《こくとうしょうちゅう》を経て、薩摩《さつま》に入った。原料はサツマイモだった。今でも九州に焼酎の名所が多いのはそのためで、日本各地で昔からつくられているる日本酒は醸造酒である。

遊牧民はじつは世界各地にいろいろな痕跡を残した。二〇二三年十一月に刊行した拙著『ロシアとは何か　モンゴル、中国から歴史認識を問い直す』（扶桑社）では、ルーシがまわりの異民族を吸収してロシアになっていく歴史を軸に、餃子《ぎょうざ》やラーメンやバレエやフランス料理など、遊牧民の移動によって、国境を越えた相互作用を果たした雑学あれこれを開陳している。

君主が第一に囲みの中で、后妃たちと狩りを楽しみ、次に皇族や将軍たち、最後に兵士たちが狩猟したあと、数日を経て捕殺を免れた動物を解放し、猟獣を公平に分配した。西方への征服戦争の戦闘隊形は、基本的には巻狩のときと同じだった。

遊牧民の戦争——一帯一路はモンゴル帝国の再来か

モンゴル帝国イコール中国ではないけれども、習近平の「一帯一路」は、十三世紀のモンゴル帝国の版図を妄想しているようだから、ここでは、モンゴルの中央アジア遠征について述べたい。

一二〇六年に、モンゴル高原の遊牧部族長たちを集めた大集会で盟主に選ばれたチンギス・ハーンは、一二〇九年には南下して西夏《せいか》王国を降伏させ、一二一〇年から一六年まで、金《きん》の支配下にあった華北を蹂躙《じゅうりん》した。しかし、これらの王国が滅びるのはもう少し後である。

一二一八年、チンギス・ハーンは、部下の「四匹の犬」の一人に二万騎を与えて、西方に先発させた。チンギスの有名な家来にはこの他、「四頭の駿馬」がおり、馬はハーンのお側近くに仕える盟友であり、犬は先に飛んでいって攻撃をかける先鋒《せんぽう》軍の大将を意味する。

中央アジアのイスラム商人たちは、かなり前からモンゴル高原に来ていたから、戦争の手引きをした可能性がある。なぜなら、国ごとに関税を取られるより、帝国が広域になるほうが商売は儲かるからである。

遊牧民は前もって情報をよく集め、地理を調査し、綿密な作戦予定表をつくって、その通りに行動した。まず斥候《せっこう》を派遣し、先鋒軍のあと本軍がつづく。攻撃時の戦闘隊形は基本的には巻狩のときと同じである。最後の輜重《しちょう》軍は、兵士の家族が家畜を連れて放牧しながら、軍隊のあとを付いてきた。兵士たちは、戦闘が終わったあと故郷まで戻らなくても、家族と一緒の休暇が取れたのである。

一二一九年秋、チンギス・ハーンと四人の息子は、四つに分かれて進撃を開始した。各部隊は決められた町を包囲し、ハーン自身は中軍を率いてブハラへ向かった。翌年にブハラもサマルカンドもオトラルも陥落した。

大虐殺の記録がシナにはないのに中央アジアに多いのは、イスラム教徒のそれまでの常識では、戦争も交渉の一形式で、捕虜は身代金と交換するものだったのに、モンゴル軍がまず無条件降伏を要求し、その後、降伏しても助命を許さず殺し尽くすという、原則を貫いたことが衝撃だったのである。

女も戦争に参加する――チンギス・ハーンの娘が従軍していた

これよりもかなりあとになるが、モンゴル軍の侵略を受けたヨーロッパでは、モンゴルとはいったい何者かを知るため、ローマ教皇がフランチェスコ修道会のプラノ・カルピニのジョン修道士をモンゴルに派遣した。カルピニは、チンギス・ハーンの孫グユクがモンゴル帝国の第三代君主に即位するとき、長い旅の末にカラコルムに着いた。かれは、モンゴルの女について、このように報告している。

「若い小娘も女も、馬に乗り、男と同じくらい敏捷にギャロップで駆けさせます。わたしどもは、女たちが弓矢を携行しているのを見たことさえあります。男も女も、長途の騎馬によく耐えられます。女は誰でもズボンをはき、なかには、男のように上手に矢を射るものもおります」（護雅夫訳　カルピニ、ルブルク『中央アジア・蒙古旅行記』桃源社、一九六五年）

一二一九年、チンギス・ハーンの中央アジア遠征がはじまった。一二二〇年の秋、ハーンの末子トルイは、今のイラン北部にあったホラーサーンに向かって進軍するよう、ハーンから命令を受けた。トルイは、先鋒隊として、ハーンの娘婿のトクチャルが指揮する一万人の部隊を派遣した。

トクチャルの軍は、ナサー市を掠奪したのち、ニーシャープール市を包囲したが、十一月に、トクチャル自身は、城壁から放たれた矢にあたって殺されてしまった。

トルイが指揮するモンゴル軍の本軍は、今のトルクメン共和国にあったメルヴを攻略したのち、南下して、ニーシャープールにやってきた。そして一二二一年四月七日水曜日に、モンゴル軍は一斉攻撃を開始したのである。

この日、戦闘は終日行なわれた。翌朝になって、ニーシャープール市をとりまく壕は埋められ、一万のモンゴル軍は、梯子をかけて城壁を乗り越えた。攻囲軍は各方面から市内に進入し、その街路と家屋は日没後まで幾多の戦闘の舞台となったが、金曜日には、全市は、完全にモンゴル軍によって占領された。

モンゴル軍は、トクチャルの戦死に対して、残酷な復讐をした。チンギス・ハーンの娘であるトクチャル将軍の寡婦は、一万人を率いて市内にはいり、眼にはいるものをすべて虐殺した。殺りくは四日間続き、犬や猫までも殺した、ということである。

第四章

中国の他民族支配は侵略ではないのか

中国の何が問題か？——隣にいるわけのわからない国

現代中国を理解することは、どんなレベルの人にとってもたやすいことではない。専門分野によって知識の出所は違うし、付き合う中国人によって印象がまったく異なる。本を読めば読むほど混乱は増し、一つの像に収斂《しゅうれん》することはまず不可能である。それは、一八七一年に日清修好条規を結んで、隣国と直接付き合うようになったときから今まで変わらない。

しかし同時に、こんなわけのわからない国と文明が隣にあるということは、研究対象としては尽きることのない興味の源で有り難い、というのが、実は研究者としての本音である。

私自身は、モンゴルをはじめ、漢字を使わない諸民族の歴史に関する知識は、世界の誰にも負けないという自負はあるけれども、今の中国について意見を求められたら、自分の立ち位置から発言するしかない。よく知らないことについて無責任な発言はしない、というのもまた、研究者としての矜持《きょうじ》である。

藤原書店から刊行された『The China Questions 中国の何が問題か？ ――ハーバードの眼でみると』（二〇二一年）を読んで、日中関係は、アメリカから見れば、その程度のものなんだと、よい意味で衝撃を受けた。近すぎて関係が深すぎると見えないことが一杯あるし、感情的になったら理解から遠ざかる。

本書は、ハーバード大学フェアバンク中国研究センター創立六十周年を記念して企画された、三十六名の中国専門家による共著である。二〇一八年の刊行だが、日本語版への序文が二〇二〇年末に付け加えられた。

中国を糾弾したい日本人には物足りないかもしれないが、多くのテーマがバランスよく短く説明されているので、どんなレベルの人にも、それなりに役立つに違いない。日本でこんな本を出せないことのほうを問題にすべきだと思う。

二つだけ印象に残った部分を紹介しておく。「台湾海峡の平和は、膠着《こうちゃく》状況と緊張をともないながら、地域の現状のままにつづくだろう。それは、三者（米・中・台湾）ともに満足できない現状だが、全員が認めなければならない」「習近平はおどろくべきスピードで中国を未来に引き戻した（バック・トゥ・ザ・フューチャー）。毛沢東主義の制度や価値観が復元されつつある」

一国二制度――やっぱり約束は破られた

二〇二〇年七月一日、イギリスから中国に「返還」された二十三年目の記念日に、前日の中国全国人民代表大会（全人代）常務委員会において、全会一致で可決・成立した「香港国家安全維持法」が施行された。その日のうちに、「香港独立」の旗を所持していた若者など三百人以上が逮捕された。

ちなみに、日本語では「香港返還」と言うが、英語では「主権移譲 transfer of sovereignty」と言う。清朝からイギリスに割譲した土地を、違う国である中華人民共和国に移管したからである。

一九九七年、香港が中国に「返還」されたとき、最高実力者の鄧小平は、社会主義政策を将来五十年にわたって香港で実施しない「一国二制度」（一国両制）を約束した。「二制度」とは、「社会主義」と「資本主義」のことで、同じく鄧小平が提唱した「社会主義市場経済」と同じく、そもそも言語矛盾である。

一九八四年に中国がイギリスとの間で調印した、五十年は香港に高度な自治を認めるという「共同声明」を、両国は国連にも登録した。今回の習近平の措置は約束違反であると、アメリカを初めとする西側世界は猛烈に抗議している。

しかし、歴史上、中国が約束を守ったことなどあっただろうか。

一九一一年十月、清の南部で辛亥革命が起きた翌一二年二月、生涯皇帝の称号を有して紫禁城で暮らしてもよいという優待条件を袁世凱《えんせいがい》が示したので、清朝は中華民国に禅譲《ぜんじょう》した。しかし、一九二四年、清朝最後の皇帝溥儀《ふぎ》は、軍閥の一人馮玉祥《ふうぎょくしょう》によって紫禁城から追い出される。

一九一五年、日本は、南満洲鉄道と関東州の租借期限の九十九年延長を袁世凱に認めさせた。ところが、張学良は袁世凱が結んだ「二十一カ条要求」は無効で、一九二三年に租借期限が切れているとして国権回復運動を起こす。これが満洲事変の原因となった。

これはどちらも、他人の結んだ条約など、私には関係がない、という表明である。

鄧小平の「韜光養晦《とうこうようかい》」（才覚を覆い隠して、時期を待つ）戦術は、中国が力をつけるまでの時間稼ぎにすぎなかった。力がついた今、そんなことに斟酌《しんしゃく》する必要はない、何をしようと勝手だ、というのが、中国人のふつうの考えなのである。

日本型の国民国家をめざす
――近代中国の国家モデルは日本だった

中国では、二〇二〇年九月の新学期から、内モンゴル自治区の小中学校で国語の授業を漢語で実施することを決めた。翌年以降は「道徳」「歴史」の授業も漢語に切り替えるというので、モンゴル族の保護者や生徒らが、母語であるモンゴル語の抹殺だと抗議運動を始めた。しかし中国当局はこれを弾圧している。

第一章で書いたように、一九四九年に誕生した中華人民共和国は、その二年前に成立していた内モンゴル自治政府を併合、一九五〇年に東チベット、一九五五年には新疆に武力侵攻し、一九五九年にチベット全土を制圧した。

内モンゴル、チベット、新疆ウイグル、寧夏回族、広西チワン族の五つの自治区の面積を併せると、中国の約六十四％を占める。つまり、中国の領土の半分以上は、もともと漢族の住んでいない地域だった。日本人が考えるような「中国」ではなかったということである。

はじめ四億人だった漢族は十三億人を超え、新たに中国になった土地に進出し、資源を搾取して生き延びた。中国は建国以来ずっと、国内において十九世紀的な植民地経営を行なってきたのである。

それにもかかわらず、「自分たち中国人は、欧米列強と日本による植民地経営の被害者であり」「民族自決の主体は圧迫された中国人である」「先住民族の問題は植民地主義の産物であり、中国の領域内には先住民族は存在しない」と言いつのり、チベットやウイグルやモンゴルの伝統文化と言語を抹殺してきた。

清朝の領域に住んでいた諸種族を、すべて「中華民族」と規定したのは、孫文や蔣介石である。中国の近代化のモデルとなったのは、明治日本だった。

日清戦争に勝利した日本は、「紀元前六六〇年に即位した神武天皇以来、万世一系の天皇」を戴き、全員が日本語がわかる大和民族だった。

国境の内側の住民は全員中国人（漢人）であるべきだ、全員が同じ中国語（漢語）を話すべきだ、全員が黄帝の子孫の中華民族（漢族）という意識を持つべきだ、というのが現代中国の理想であるのは、いまだにモデルが日本型の国民国家にあるからだ。

今の中国の文化破壊に悔しいくらい無力な日本であるが、せめてそういう因果関係を知って、中国に対処してほしいと願う。

中国流民主主義とは？
——少数民族に対するジェノサイドも中国の民主主義のうち？

二〇二一年三月アンカレジで開かれた米中両国の外交トップ会談で、新疆ウイグル自治区で少数民族に対するジェノサイド（集団殺害）が行なわれたとするアメリカの批判に、楊潔篪《ようけっち》共産党政治局員と王毅《おうき》外相は、「今世紀最大のウソだ」と強く反発した。

日本政府が新疆ウイグル自治区の人権状況に深刻な懸念を表明したことに対して、例の美人の中国外務省華春瑩《かしゅんえい》報道局長は「完全にデマにもとづいている。しかし、日本が第二次世界大戦中、中国とアジアの諸国に犯罪行為を犯したのは歴史的事実だ」と、いつものように南京事件や靖國神社問題を持ち出して牽制した。

われわれは、中国共産党指導部のこのような態度にあまりに慣れてしまっているが、最近のウイグルと香港問題、さらに内モンゴルにおけるモンゴル語教育禁止は、中国共産党の政策が、さらに強権的な専制へ踏み出したことを示している。

日本人と日本政府には、中国の異形さに対して覇気のある態度で臨んでもらいたいと私はつねに考えているのだけれど、今回、中国側はこう言明している。「アメリカにはアメリカ流の民主主義が、中国には中国流の民主主義がある」

中国には、そもそも国民主権という言葉はなく人民主権の国である。毛沢東と周恩来はかつて、社会主義建設に参加する者だけを人民と呼び、これに反抗する者を人民の敵と規定した。

つまり、現代中国はもともと、国籍を持つ国民全員が人民ではなく、中国共産党の掲げる思想や政策を支持しないで反対する国民は人民ではなかったのである。

中国の憲法には「いかなる組織ないし個人も社会主義体制を破壊することを禁止する」と記す。つまり、人民ではない国民に対するさまざまな弾圧や抑圧が、法律上、正当化されているのだ。

新疆ウイグル自治区における大規模な人権弾圧も、人権派弁護士やジャーナリストの拘束も、彼らを人民の敵と規定することで正当化される。

香港では人民は愛国者と言い換えられる。習近平は毛沢東路線への復帰を本気で進めているのである。

漢の武帝の匈奴との戦い
――西域はながらく漢字文化圏ではなかった

今の新疆《しんきょう》が、歴史上ずっとシナ王朝の支配下にあったわけではない。しかし関係を持ったのは古く、紀元前二世紀末の漢の武帝に始まる。武帝は十六歳で即位し、七十一歳で亡くなるまで、在位じつに五十四年間にわたった。

武帝が即位した当時の漢は、四方の貿易路をことごとく異民族に塞がれた状態だった。血気盛んな青年皇帝の武帝は、包囲を突破して貿易の利権を漢の手中におさめようと、徹底的な積極政策に打って出た。

武帝が最初に取り組んだ相手は、モンゴル高原の遊牧帝国の匈奴《きょうど》である。漢は毎年のように数万の大軍を動員して匈奴と戦争を繰り返し、莫大な数の死傷者を出したが、匈奴を絶滅させることはできなかった。

モンゴル高原の西方に大月氏《だいげっし》という別の遊牧民の大部族があり、匈奴と仇敵の間柄

名馬のためには人命を顧みなかった漢の武帝

紀元前一四一年に十六歳で即位した漢の武帝は、国の財力を総動員して徹底した積極策に打って出た。在位五十四年ののち七十一歳で亡くなったとき、「海内虚耗《かいだいきょもう》、戸口減半」(国力は消耗し、人口は半減)していたと、武帝を継いだ昭帝《しょうてい》の本紀《ほんぎ》(『漢書』「昭帝紀」)に班固《はんこ》が書いている。

モンゴル高原の遊牧民匈奴《きょうど》を挟み撃ちするために大月氏《だいげっし》に派遣され、十三年ぶりに漢に帰り着いた張騫《ちょうけん》が、西域《せいいき》から持ち帰った情報のなかに、大宛《だいえん》(フェルガナ盆地)の汗血馬《かんけつば》の話があった。

これは天馬《てんば》の血統を引くという大型の馬で、興奮すると前脚の上膊部《じょうはくぶ》の皮膚の薄いところに血管から血がにじみ出るので、この名がある。

シナの平原では馬は育たない。生殖能力が弱くて繁殖しないので、軍事力を維持するためには、モンゴル高原から定期的に馬を購入しなければならなかった。モンゴル馬は小型であるから、漢が匈奴を圧倒しようとすれば、より大型の馬が必要である。

コラム

武帝は使節を大宛に派遣して馬を要求したが、大宛は拒絶した。武帝は大いに怒り、愛人李夫人の兄である李広利《りこうり》を将軍に任命して、六千騎の漢軍を率いて大宛に遠征させた。

前一〇四年、李広利将軍は漢を出発したが、大宛に行き着けず、生き残った一割か二割の兵力とともに敦煌《とんこう》まで引き返してきた。武帝は激怒して、玉門関《ぎょくもんかん》を閉じて李広利の入国を拒否した。

前一〇一年、武帝は、こんどは六万人を動員して、李広利とともに大宛遠征に送り出した。そのうち大宛にたどり着いたのは三万人だった。大宛は降伏し、上等の馬を数十頭、中等の馬を三千頭あまり漢に引き渡した。李広利とともに生きて帰り、玉門関を入った兵士は一万人あまりにすぎなかった。

武帝は喜んで歌った。

「天馬来たる、西の極《はて》より。万里を経て、有徳に帰す。霊威《れいい》を承《う》けて、外国を降す。流沙《りゅうさ》を渉《わた》りて、四夷《しい》は服す」

人命や財力の消耗を何とも思わない、武帝の強情な性格が表れている。

であることを知った武帝は、大月氏と同盟して匈奴を滅ぼそうと考えた。その使節への募集に応じたのが張騫《ちょうけん》という人である。

張騫は出発直後に匈奴に捕らえられ、十年あまりを捕虜として過ごしたが、のちに脱出に成功して、今のウズベキスタンの東部のフェルガナ盆地にあった大宛《だいえん》王国にたどり着いた。張騫は大宛の保護を受けて、大月氏が遊牧していたトハリスタンにいたる。

しかし大月氏は、アフガニスタン北部の大夏《たいか》を征服して安楽な暮らしを送っていたので、いまさら漢と同盟してモンゴル高原の匈奴を滅ぼす意志はなかった。

張騫は帰国の途上、再び匈奴に捕らえられたが、混乱に乗じて脱出し、十三年ぶりに漢に帰り着いた。

本来の目的は達せられなかったが、張騫によって、中央アジアについての詳しい情報が初めてシナにもたらされ、「西域」という名称で正史に記録が残ることになった。

しかし、漢字で国名が記されているからといって、これらの土地が漢字文化圏になったわけではない。ウズベキスタンやアフガニスタンはむろんのこと、新疆南部のオアシス諸都市も、このあと二十世紀になるまで漢字を使用しない文明圏だった。

シナ王朝が西域に進出した目的は、もっぱら遊牧国家のオアシス地帯支配を阻止し、遊牧国家を経済的に弱体化させるためだった。

新疆はいつ中国になった？——清朝は新疆の独自性を認めていた

イスラム教徒の住むタリム盆地のオアシス諸都市と、その北部のイリ渓谷とジュンガル盆地を合わせて、漢字で「新疆」（新しい領土）と呼ぶようになったのは、清朝が、一七五五年にモンゴル系最後の遊牧帝国ジューンガルを滅ぼし、一七五九年にその支配下にあったタリム盆地を版図に組み込んだときからである。

英語では、旧ソ連邦に属していたカザフスタン、ウズベキスタン、キルギス、タジキスタン、トルクメニスタンなどのＣＩＳ諸国を「西トルキスタン」、新疆南部（ウイグル人の住地／ウイグリスタン）を「東トルキスタン」と呼ぶ。トルコ人の土地という意味の「トルキスタン」という言葉は、現代中国ではもちろん禁止されている。清朝の支配層の満洲人は、オアシスに住むトルコ系イスラム教徒にとっては異民族だったが、モンゴルやチベットや新疆の人々は満洲人皇帝の家来となり、その土地は、清の外側を取り巻く垣根という意味の「藩部《はんぶ》」と呼ばれて、一九一二年に清朝が滅びるまで、各自の宗教や言葉が維持された。清はまた、民族ごとに異なった法典を制定もした。

清朝皇帝は、漢人にとっては伝統的な皇帝だったが、満洲人にとっては部族長会議の議長であり、モンゴル人にとっては大ハーンであり、チベット人にとっては仏教の最高施主であり、イスラム教徒にとってはジューンガルの支配ほど苛酷ではない保護者になった。

このような同君連合の帝国だった清朝が変貌するのは、一八四〇年のアヘン戦争からではなく、太平天国の乱（一八五〇～六四年）が引き起こしたイスラム教徒の反乱からである。

太平天国の乱の最中、陝西省《せんせい》で漢人と回民（現代中国では回族と呼ぶが、当時はまだそのような言葉はない）の衝突が起こった。回民は見た目は漢人と変わらないイスラム教徒である。「洗回《せんかい》」と呼ぶ漢人の回民虐殺事件があちこちで発生し、反乱は新疆全土に波及した。反乱軍の手におちた新疆へ、一八六五年、今のウズベキスタンからヤークーブ・ベグがやって来て、カシュガルにイスラム王国を建てた。

このとき清朝の宮廷では、新疆を放棄しようという意見があったが、太平天国の乱の鎮圧に功績を立てた左宗棠《さそうとう》という漢人の将軍が平定に向かい、一八七七年カシュガルを取り返した。清朝は、左宗棠の意見を採用して、一八八四年、ここに新疆省というシナ式の行政機関を設置し、漢人を長官に任命する。まだ中国という国家はないが、これが、漢人が新疆統治に関与するようになる始まりである。

清朝の新疆統治──現地の支配層が協力したゆるやかな統治

最後の遊牧帝国ジューンガルを滅ぼし、その支配下にあったタリム盆地を一七五九年に支配下に入れた清朝は、「新疆」と名づけた土地を南北に分けて統治した。「北路」は「準部《じゅんぶ》」（ジューンガルから取った名前）とも呼んだ。ジュンガル盆地とイリ渓谷には、直接的な軍政を敷き、イリ将軍の管轄下に、八旗満洲兵《はっきまんしゅう》、八旗蒙古《もうこ》兵、緑営《りょくえい》兵（漢人部隊）を駐防させ、さらに、今の中国東北部から、モンゴル系や満洲系の民族集団を家族とともに入植させた。

今、日常の話し言葉として中国で唯一、満洲語方言を使用している約三万人のシベ族は、このとき駐防兵としてイリに移住した満洲人の子孫である。

「南路」もしくは「回部《かいぶ》」（回はイスラムのこと）は、各オアシスに旗人《きじん》（満洲人）大臣と少数の清軍が駐屯して監視にあたったが、駐屯基地は、現地人との接触を避けるためにオアシスの城市の外に設けられた。

徴税を含む民政は、すべて、ベグ（伯克）と呼ばれる官職に任命された、現地のムスリム有力者にゆだねられた。

回部で民政を担当したイスラム教徒のベグたちは、もともと各地の有力者層であり、征服に際して清軍に協力した者とその子孫だった。かれらはその勲功に応じて、郡王、ベイレ、ベイセ、公など、清朝の満洲人宗室と同様の爵位を与えられ、爵位の高い者は、各オアシス最高位の民政長官ハーキム・ベグに任じられたが、出身地には赴任させない回避の制が遵守された。

清が派遣した新疆駐屯軍を現地からの徴税のみによって維持することはまったく不可能であり、平時で年額およそ三〇〇両が内地から送られた。北部は、イリに鋳造処を置き、内地と同じ制銭を発行し流通させたが、南の回部では、現地産の銅で鋳造したプル銭を流通させた。プル銭は、ムスリム農民と、駐在する清の官吏や兵士との間だけに流通が限定されていた。

各オアシスのハーキム・ベグは、一般人には禁止されていた辮髪《べんぱつ》をつけ、清朝の官服をまとい、駐屯軍の司令である旗人大臣たちに服属した。

その一方で、モスクや聖者廟を修復し、マドラサ（学校）を創り、ワクフ（寄進財産）を設定し、ペルシア語作品をチャガタイ語（トルコ系言語の一つ）に翻訳するなど、文化的活動のパトロンの役割も果たした。清朝統治の初期、十八世紀後半から十九世紀にかけて、農業生産の拡大と人口の増加が見られる安定した時代がひとまず出現したと言える。

新疆ウイグル自治区の成立——新疆は中国に編入された？

清朝末期の一八八四年、それまで自治を許された「藩部」だった新疆に、内地と同じ省制が施行された。しかし、このときやってきた漢人官僚たちは、新疆省を蓄財の場所と考えただけで、領土的野心はなかった。天津商人や山西商人が流入したが、ロシアや英領インドとの交易はムスリム商人の手中にあり、漢人の人口増加はゆるやかだった。一九一一年の辛亥革命も、新疆では漢族の間の権力争い以上のものではなかった。

しかし、清朝の漢人官僚は、現地人の子弟に漢語の学習を強制するなど「同化政策」を推し進めたので、清朝末期には民族運動が発生する。同じトルコ系イスラム教徒であるロシア領内のタタール人やウズベク人に影響されて、新疆からの留学生がロシア、さらには「汎トルコ主義」「汎イスラム主義」の中心だったオスマン帝国のイ